TIME
RECORD

时间值得统计

剑飞 · 等著
剑飞社群 · 出品

电子工业出版社·
Publishing House of Electronics Industry
北京·BEIJING

图书在版编目（CIP）数据

时间值得统计 / 剑飞等著 . -- 北京 ： 电子工业出
版社 ， 2024.7 . -- ISBN 978-7-121-48034-8

Ⅰ . C935-49

中国国家版本馆 CIP 数据核字第 20249T676D 号

责任编辑：滕亚帆
文字编辑：刘　舫
印　　刷：中国电影出版社印刷厂
装　　订：中国电影出版社印刷厂
出版发行：电子工业出版社
　　　　　北京市海淀区万寿路 173 信箱　　　　　邮编：100036
开　　本：880×1230　1/32　　印张：8.875　　字数：270 千字　彩插：8
版　　次：2024 年 7 月第 1 版
印　　次：2024 年 7 月第 1 次印刷
定　　价：79.90 元

凡所购买电子工业出版社图书有缺损问题，请向购买书店调换。若书店售缺，请与
本社发行部联系，联系及邮购电话：（010）88254888，88258888。

质量投诉请发邮件至 zlts@phei.com.cn，盗版侵权举报请发邮件至 dbqq@phei.com.cn。

本书咨询联系方式：faq@phei.com.cn。

目 录

剑飞

赵丹丹
（蛋蛋）

剑飞时间记录体系
——化解二胎职场妈妈的中年危机焦虑　38

符莉娴
（迪宝妈）

用时间的力量创造内心之光，
设计自在人生　54

贺洁星

慧峰

蒋赛

时间记录——实现梦想，重塑生命的工具　112

丽娟

时间记录让生活有觉知、
有掌控、有未来　126

刘丽

钟晖

时间统计让我改变，让我创造，让我超越时间　196

王艺霖

把握时间中的时间，就会有成长　212

杨晓玲
（小咩）

时间记录，
帮助我 5 年内语写 1 亿字　234

小奇

现代管理学之父彼得·德鲁克先生曾说:"有效管理者与其他人最大的区别也许不是别的,就是他们对时间的珍惜。"柳比歇夫更是用他的一生在践行时间统计。

我与本书的其他15位作者(他们是剑飞时间统计社群的代表),向你展示一种与时间做朋友的生活方式:

通过时间记录,调整时间结构,让时间增值,用更多的时间做长期且有价值的事情,产生时间价值,把事情做出成果,创造时间作品,也把自己打造成时间的作品,实现时间复利。

这种生活方式不是一时一刻、一月一年的,而是以50年甚至一生为维度的。

生活不只有加快速度,而是要取得长周期大范围的平衡,应追求自己喜欢的生活。这是人生永远的进行时,也是时间统计的终极目的。

希望在人生的这场马拉松中,你我都能成为时间的朋友。谨以此共勉。

———剑飞

时间值得统计

剑飞

作者介绍

剑飞，《时间记录》《时间增值》《时间价值》《时间作品》《时间复利》《语音写作》《极速写作》7 本书的作者。

"语写" App 创始人，"时间统计" App 创始人，"剑飞出书" App 创始人，"人生规划" App 创始人，"剑飞记账" App 创始人。

我的高光时刻

2018 年出版第一本书《极速写作：怎样一天写 10 万字》。

2021 年出版《语音写作：1 小时 1 万字》和《时间记录：数据反映行为，行为改变数据》，语写和时间统计两大体系正式出书，上架"语写"App 和"时间统计"App。

2022 年完成 1000 场直播。

2023 年出版 4 本书：《时间增值：用有限创造无限》《时间价值：积极主动地创造》《时间作品：创造作品，穿越时间》《时间复利：将简单重复到极致》。

2024 年正式上架"人生规划"App、"剑飞出书"App、"剑飞记账"App。

做过的最大挑战

2012 年，开始培养多种习惯，包括时间记录、记账、语写、阅读、人生规划等。语写一个字一个字地练习，从完全不会到逐渐摸索出一些方法，一点一滴地建立体系。从不被人理解还依然坚持，到现在影响近万人，改变人生。

扫描二维码
与作者一对一交流

刚走向社会的时候，时间好像比较富裕，每天不知道干什么，对未来有所迷茫，但实际上每个人的时间都是有限的。到底要做点儿什么呢？

在不断探索未来的过程中，我接触到了时间记录，这让我对时间倍加珍惜。每个人的时间都非常有限，每个人所做的事情都可以创造出无限的可能。时间记录让我在生活中成长很多，这种方法在《奇特的一生》一书中被称为时间统计法。

2012 年，我开始记录自己的时间，到现在已经接近 12 年。我最开始做时间记录的时候，会找各种各样的软件，寻找最方便记录时间的工具。每个人的时间都是非常有限的，不会因为你和我的不同而有所不同，有多少人真的珍惜自己的时间呢？

进行时间记录之后，我知道时间去了哪里，了解了自己的时间结构，经过 10 多年的记录，知道自己每天大概做了什么事情，逐渐地将记录时间变成一种习惯。时间记录也让我知道了怎样平衡工作与生活。在记录时间几年之后，我发现单纯地记录已经不能够满足需求，于是便开始对时间进行统计分析。在统计分析的基础上，预测自己未来要怎样发展。

最有收获的是在进行时间统计的过程中，我发现，原来人可以掌控自己的时间，在掌控自己时间的基础上，能创造出更多的人生可能。我把在《时间记录：数据反映行为，行为改变数据》中提到的方法进行延展和深入。随着时间的推移，我建立了一套时间记录体系，开发了"时间统计"App，出版了 5 本时间系列图书《时间记录：数据反映行为，行为改变数据》《时间增值：用有限创造无限》《时间价值：积极主动地创造》《时间作品：创造作品，穿越时间》《时间复利：将简单重复到极致》，影响人数超过两万人。

期待未来有更多的人能够在生活中运用好自己的时间，掌控自己的时间，创造自己生命的可能。

时间记录：数据反映行为，行为改变数据

时间记录，即把一个人每天的时间使用情况通过场景的划分，数据化地记录下来，进而能让他对自己每天的时间使用情况有一个客观的数据化认识。最重要的是能让他看到自己的时间是怎么用的，进而主动改变自己的行为。时间记录的意义在于，让我们看到最真实的自己。它对生活的帮助是，一辈子都保持一种高效率、节奏稳定的生活方式。

在我的时间记录体系中，记录时间只是第一步，接下来还要对记录的数据进行分析、整合和规划，并且在长周期维度上，连续几十年统计自己的时间使用情况，从而对自身有一个客观的数据化认识，进一步实现时间增值，创造时间价值，打造时间作品，积累时间复利。

《时间记录》《时间增值》《时间价值》《时间作品》《时间复利》这5本书层层递进地讲述了整个时间记录体系。

《时间记录：数据反映行为，行为改变数据》详细地介绍了时间记录的实操方法，各个维度的时间分析，时间规划的基本原则，时间增值的基本理念。

记录时间非常简单，核心要素就是日期、开始时间、结束时间、持续时间、事件描述、时间标签。其中日期、开始时间、结束时间、持续时间都可以通过"时间统计"App进行记录；事件描述、时间标签是记录的重点；时间标签包括学习成长、工作事业、社会交际、家庭生活、健康休闲、交通时间、睡眠时间等。切换一个空

间，就进行一次时间记录，记录下刚刚做过的事情。记录下来的时间数据，反映着行为和生活，也反映了我们每天创造的价值。

如果已经活在自己非常想要的人生当中，翻开自己的时间统计数据，所看到的是一幕幕已经过得很幸福并且很愉快的人生瞬间。但是如果所过的人生并不是自己想要的，怎么办呢？你可以调整接下来的行为状态。数据反映行为，行为改变数据。通过做一些事情，调整自己的时间结构，让时间变得更有价值。

如果记录下自己的时间，那么就会更加明确自己今天做了什么。我们的短期记忆可能会记得当天做了什么，但是对于长期来说，正如跨越了 10 年周期以上，如果没有进行时间记录，那么很难记得当时做了什么。时间可以让我们记住当下一些幸福的状态。在进行时间记录的过程中，我们可以更好地平衡工作与生活，而且是长周期地平衡工作与生活。

长期做时间记录，难点不在于记录，而在于分析。只有认真分析了时间的花费，才能进一步做好时间的规划与整合。时间分析的重点是思考每一项时间花费是否可以不花费，是否可以优化，是否用在未来 50 年要做的事情上。从对数据的分析中总结出规律和改进方向，以此为指导改变行为，之后的数据也会随之发生改变，最终实现长周期的平衡。

记录、分析之后是规划。规划时间的使用，重点在于多做有价值、能产生复利的事情。时间本身不会增加，一年 8760 小时是固定的，最大化地利用时间价值，其他资源就会越来越多。我们也可以提前准备必然会发生的事情，想要做什么事情，可以在时间结束之前尽最大的努力去做。

时间具备投资属性，我们投入时间做一件事，希望它能产生成果，甚至是比以前更好，这就是在时间维度上的增值。时间增值的基本原理是：做重要的事情。我们要增加时间收益，减少时间成本。足够专注地做事情，高质量地投入时间，单位时间内创造的价值是可以累积的，也就是说，在长周期内做一件事，其价值是倍增的。

时间记录延长到一定程度，就是进行人生规划。在时间记录中，记录的是从过去到现在的时间点，人生规划面向的是从现在到未来的所有可能。时间记录是一种相对客观的存在，只要记录时间，就会发现它可以非常真实地反映出我们一天是怎么度过的。

在把一件事情做成的过程中，我们会进入心流状态，这种愉悦感、幸福感和时间流动的状态，是让人开心的、愉悦的。时间是可以增值的，我们要用有限的时间去创造无限的可能，这样在一生当中看起来非常有限的时间，就变成了无限的资源。

时间增值：用有限创造无限

《时间增值：用有限创造无限》接续《时间记录》，记录时间之后，分析时间，规划时间，整合时间，目的就在于让时间增值。

首先要改变底层认知，重新理解时间增值。让时间增值，不是在同样的时间里做更多的事情，而是做更有价值的事情，因此我们要把力所能及的事情做到极致，在生存的基础上求发展。以把事情做成为目标，坚定内在信念，全然相信地去做事，遇到任何问题都相信背后有解决方案，培养高手拥有的稳定的特质，自由地创造人生的新状态。

其次是要用行动撬动增值的杠杆。积极运用自己的智慧，把注意力放在要做的事情上，主动去做能做的事情。并且明确自己的目标，想象达成目标的种种过程，推演之后直接去做。开始行动，就会水到渠成，因为行动会引发行动，行动能转换状态，行动也能影响他人的行动。若在行动中遇到选择，就做出面向未来的选择；若遇到限制，就主动打破限制，寻找可能性；随时复盘，事前、事中、事后都可以复盘，持续迭代优化。最终用行动做出成果。

接着是时间增值的关键行动指南，包括做事的态度和做事的方法，我们认真思考"我可以做什么"，以做事为导向，把思考的结果落地，认真去做，积累无数个认真，最终把事情做成。并且无论是让时间增值百倍，还是保持高效率加速成长，穿越时空，又或者是培养价值百万的好习惯，打造持续稳定的现金流项目，都有可以实践的方法。

时间增值的目的不在于让自己更忙碌，做更多的事情，而是成为我们想成为的人，去释放人生无限的精彩。"我想成为怎样的人"，这是一个值得探索的命题。用心去探索，并且充分相信自己可以成为想成为的人。可以利用已有的资源和条件，创造生活的种种可能；可以持续成长，看到更大的世界；可以 100% 地活着，去实现自己的梦想；可以规划未来的人生，用有限的资源去创造无限的可能。

时间是有价值的，当一个人什么都不做的时候，这种价值不会主动跳出来，当做了一些事情的时候，这些价值会逐渐延伸。我们要积极主动地创造时间价值。

时间价值：积极主动地创造

《时间价值：积极主动地创造》，探讨如何创造时间价值。时间是客观的、公平的，每个人的一天都是 24 小时，但不同的人在相同的时间里所创造的价值可能天差地别。因此，我们往往不以生命时间来衡量一个人的价值，而是看他如何使用有限的生命时间来创造更大的价值。从这个意义上来说，一个人真正的价值，体现在他的时间价值上。

通过多年的时间记录，我认识到，真正的时间价值并不在于如何更高效地运用时间做更多的事情，而在于用长远的眼光看待每件事，用心把重要的事情做成，创造可持续的时间复利，让人生拥有更多可能性，活出自己精彩的一生。这本书讨论了如何持续增加时间价值，如何在有限的时间里加速成长，如何用行动和时间做成事情、获得成果，如何创造可持续的时间复利。

每个人的一生都有一个同行者，那就是时间。我们也一直在和时间赛跑，争取走在时间的前面，在时间到来之前就做好准备，抓住有限的时间创造价值。我们可以定下自己的时间法则，缩短想和做之间的时间差，告别拖延；可以把每一个动作做到位，结果自然会发生，时间效果也会展现；可以像种树一样去做长期有价值的事情，去实践自己的终生目标，把自己交给时间，和时间成为朋友，持续增加时间价值。

每个人的时间都是有限的。要创造更大的价值，就要在有限的时间里做得更多一点儿，走得更快一点儿。想要加速成长，实现跨越式发展，要从现在开始学习，把学到的知识用起来，选择有时间价值的事情，认认真真地去做，积极主动地去创造。

每个人的时间在本质上都是一样的，不一样的地方在于我们如何用它来加速成长，创造价值。这需要进取心，它虽然隐形，却有巨大的推动力，让人努力成为更好的自己；还需要培养习惯，运用自制力和自动反应，度过习惯培养期，最终让好习惯组合成日常的行动；也需要发挥语言的力量，用积极的有能量的语言，主动表达自己的观点。如果觉得自己的成长速度慢了，那么让行动数量翻倍是一种解决方案，还可以找到一群同频的人一起成长。

创造时间价值的基础是行动，唯有行动才能让时间有产出。在更长的时间维度上创造时间价值，我们要有巨大的决心和坚定的信念。决心是我们的生命力，代表着做事的内在力量。坚定的信念是目标达成的保证，而且当我们信念坚定的时候，其他人也会跟着一起坚定。价值的原点是行动，从行动出发，用行动引发行动。还要把理论运用于实践，设定清晰的目标，将目标拆解为具体的行动，按照规划前行，多想几步，走在事情的前面，把事情做到极致，做出成果来！

从价值角度来说，时间比金钱更"值钱"。我们要积极地培养财富意识，不只是金钱财富，也包括时间财富。并且要创造更大的价值，要保持稳定的节奏，包括生活的稳定性、创业的稳定性和时间的稳定性。稳定是高手的特质。如果想要走得更远，要建立长期视角和思维，要让自己忙起来，真正地去做事，同时要学会轻松前行，只有轻松，才能持久坚持。

我们可以通过时间的维度，感受自己人生的与众不同，通过时间的维度去创造属于自己的作品，人活一世，只是短暂的 100 年的时间，我们可以通过时间来创造作品，把自己活成作品。

时间作品：创造作品，穿越时空

《时间作品：创造作品，穿越时空》围绕时间作品这一概念展开，我们都在时间的长河里打磨作品，也都在把自己打磨成时间的作品。

时间作品是什么？是做成了一件事，是过去付出的证明，是拓宽视野的窗口，是自我存在和价值的实证，是时间赋予我们的力量。

时间作品的终极形态是我们自身——把自己打磨成作品。这是一个漫长的过程，时间作品的打磨过程是漫长的，时间作品的生命周期更漫长。

以自己为时间作品，我们要做的是一点点打磨，一点点改变，行动、思维、认知，使心智随之改变，生活的面貌和质量都将焕然一新。当我们把自己交给时间，交给这个与我们跬步不离的朋友，它会带着我们的作品穿越时空。

在创造时间作品的过程中，时间是唯一也是最终的尺子。我们需要运用时间自身所承载的力量，获得时间富裕感。在这个过程中，要不断地回顾过去，把握现在，着眼未来，把重要的、有价值的事情做很久很久，甚至用一生去坚持。

行动是创造时间作品的基本。打磨时间作品，要把力所能及的事情做到极致，其中有许多行动原则可以在日常践行，包括把自己训练成一个说做就做的人，把体力活儿做到极致；把想的时间用来做，专注目标，聚焦行动；不断地从知道到做到，想到就做，探索可以做到的能力；培养"把事做成"的习惯，把目标摆在自己眼前，一个个去达成；培养有规律的作息，用长期的行动磨砺自己的心智；长期持续稳定地行动，实现跨越式发展。

创造时间作品，也要持续锻造思维，打开无限世界。首先是终身阅读，能读书的时候多读，把自己投入书海中，获得来自阅读的确定性收益。其次要积极应对生活中的挑战。我们都知道，生活中一定会有挑战，所以我们可以在思想上和行动上为挑战提前做好准备，这其实是在为未来做准备，当未来到来时，我们已经走在前面。再次是要转变思维，凡事思考积极的一面。当下遇到的事情，是问题还是挑战，抑或是机会，在于我们怎么看，凡事要积极思考，思考积极的一面。机会也许就在尚未接触的地方，我们可以用现有的资源去创造更大的世界。

生活是时间作品的源泉。无论你的作品是什么，或者你想把自己打磨成作品，生活是一切的源头。生活中的每一天都是普通的一天，也可以是你这辈子最重要的一天。把每一天都当作重要的一天，做一些重要的或者特别的事情，此刻就能创造未来。我们可以主动选择幸福，积极创造美好。这是一种能力，是每个人都可以锻炼的能力。在不确定的当下，找到自身的确定性，面向未来，坚持做最重要的事情，主动做加法也做减法。每一天都积极主动地创造美好的一天。

时间复利：将简单重复到极致

《时间复利：将简单重复到极致》中的"复利"，是一个基于时间的概念，只在时间维度上发生作用，且时间越长，能量越大。

积累时间复利，并不需要做多复杂、多艰难的事情，把简单的技能重复到极致，就能产生惊人的效果。而我们要做的是遵循时间的基本特征，持续做重要的、有价值的事情，并把这些力所能及的事情做到极致。时间会在背后默默地为我们积累复利，让当下每一天的努力在未来都能展现出成果。

做足体力活儿是积累时间复利的基础。我们身处一个不确定的时代，面对不确定的未来，要在时间轴上做确定的事情，100% 认真地去做，才能在不确定中获得确定性。而无论做什么，体力活儿都要做到位。工作、生活和学习，归根到底都是体力活儿，直接去做，认真地做，真正做足体力活儿，完成一件又一件事情，坚定地迈出每一步。在行动的过程中，以"行百里者半九十"这一理念为指导，坚定且确定地把事情做成。持续稳定地做成事情，把"知道"真正实践为"做到"，甚至重复做到，用实践证明存在。再去挑战那些"做不到的事"，以坚韧的品格和卓越的才能，把做不到变成做到。

深耕专业是获得时间复利的推进器。长周期、稳定，是专业人士的特质，越专业，越稳定，越可预测，也就越能创造时间价值。在深耕专业的过程中，首先要选对大方向，坚定执行。其次要持续重复专业领域的基本动作，保持谦卑，保持前进。同时要给自己设定目标，写下当下完不成的目标，努力提升专业能力，实现目标。最后还要积极主动地销售，创造自己的专业作品。

终身成长是时间复利的生产力。人是环境的产物，环境可以是最差的，也可以是最好的，重点在于我们有选择的自由，可以积极主动地选择环境，甚至创造环境，让自己进入成长的环境中。成长是我们对自己的要求。终身成长，意味着对自己的要求会越来越高，我们可以用积极的信念重塑内在认知，用积极的思维方式转换视角，用积极简单的语言改变未来。在成长的过程中，我们要保持持续进步的动力，要在发展的基础上不断提高生存线，从"终身学习者"

成长为"终身每日学习者"，持续进步。而成长的基本路径是阅读，翻开书，跟随文字突破思维边界，并把"知道"应用于实践，创造生活中的精彩。终身成长是和生活交融在一起的，要面对无处不在的决定，要抓住人生特定阶段或觉醒时刻。因此我们要相信自己随时可以做出改变、规划人生，做出长久决定。

做好人生规划是时间复利的底层思维。我们生来就有规划未来的能力，我们的人生值得用心规划。未来是一种回忆，我们在脑海中构建清晰的"未来回忆"，通过图书、影视作品理解时间，练习想象力，描绘未来画面，在脑海中拍摄一部自己的人生电影。接着投身时代，在时代中，用行动实现"回忆中的未来"。

时间记录，让时间看得见

赵丹丹（蛋蛋）

作者介绍

赵丹丹，江湖人称"蛋蛋"，公众号"真腔实蛋"主理人，语写千万字达人，人生可视化记录践行者。笔记达人，为多本畅销书、IP 社群制作笔记配图。曾为互联网运营人员，现为半全职二胎妈妈，借助时间记录、语写和可视化体系，努力实现一手带娃一手赚钱，在育儿育己的路上终身成长。

人生信条：保持真实，坚持创造，做一名耐力型选手。

我的高光时刻

我一直热衷于探索可视化记录和研究各种工具的使用，也学会了一些技能。但一直空有技能，不敢将技能变现。直到 2022 年年底，我尝试突破圈层，大胆迈出去"销售"，最终两个月变现了 2.5 万元。为此，我零基础制作了一条个人成长视频，在微信视频号有近 10 万人观看。许多人留言，给予了我很多正向反馈，在离开职场有了妈妈身份后，我再一次感到自己被照亮。

做过的最大挑战

2022 年是我人生中的一个分水岭，我逐渐适应了母亲的角色，心理上变得更加强大，通过调整自己，使得家庭关系和个人能量趋于稳定。作为 2018 年的"语写留级生"，2022 年 4 月底我重启了语写，最终 8 个月完成 800 万字，终于跻身千万语写达人行列。因为日常有语写和时间记录的加持，2023 年在孕中期我也完成了早上 6 点不间断 100 天直播分享，挖掘出了自己更多的可能性，也对未来更加充满期待。

扫描二维码
与作者一对一交流

我是一个记录爱好者，先后探索过各种各样的记录方式：文字日记、思维导图、卡片、画画、手账、日签、视频、直播、App 工具等。我也热衷于记录工作中的内容、生活中的有趣瞬间、学习上的作品成果，各种意象都能成为我记录的对象。其中，"时间"是我一直在探究的对象，或者说这些记录的背后都离不开时间，也都呈现了时间。

我想要抓住无影无形的时间，直到我遇见了最直接的方式——记录时间。剑飞老师的时间记录体系经过他和学员近 10 年的打磨，简单、不费力、易上手。因此我有了从 2021 年 7 月 30 日开始启用剑飞"时间统计"方法，一直到今天连续不间断的时间记录习惯，真的没有中断一天，而且我还将继续保持这个习惯并将其推荐给更多人。

在时间记录的加持下，主观层面，我对自身的满意度越来越高，对生活越发从容，和家人的关系也越来越好，对过去充满感恩，对未来充满信心。客观层面，我在 2022 年 4 月 21 日重启了语写，到那年年底完成了 800 万字，终于跻身千万字达人行列。2023 年在孕中期完成了每天早上 6 点连续不间断直播 100 场的挑战。

如果你也想创造更多人生的精彩，诚邀你和我一起进行时间记录。

时间记录，相见恨晚的好朋友

李笑来老师说他的好运是在 2005 年看了《奇特的一生》一书，剑飞老师说他的好运是在 2012 年看了《把时间当作朋友》一书，并把时间记录当成重要习惯来培养。蛋蛋想说，我的好运是在 2021 年看了《时间记录》一书，并参加了剑飞老师的时间记录训练营。

为什么说是重新开始呢？实话说，在遇到剑飞老师之前，我就痴迷于探索如何记录时间。从 2012 年大一下学期拥有了自己的智能手机开始，我就沉迷于研究各种各样的 App，那时候刚好也是公众号的发展期，我经常看"改变自己""战隼 warfalcon"这样的大号。给大家看一下我在大学时期的时间记录。

那时候会写日记，也会在小本本上计划和记录下在一天的各个时段里干了什么事情。我是喜欢按照计划来办事的人，又喜欢记录，所以在不同的地方都能看到我的各种形式的记录。

都有哪些地方呢？手写的、微博里的、印象笔记里的……

都记些什么呢？观影清单、读书清单、运动记录……

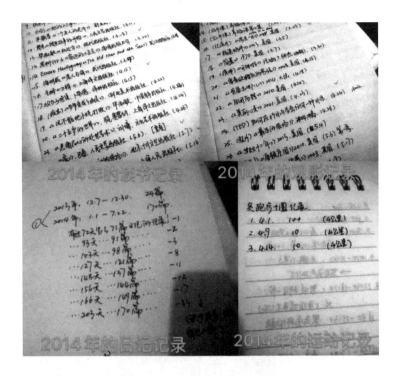

那时候我研究过很多 App，但都败在了不知道怎么建立好稳定且持续的标签体系这个问题上。

对标签进行分类本身就很难，标签的颗粒度我也把握不好，那时候更多地停留在比如我现在在"走路""写文章"等这种小颗粒的事情上，没有像现在这样把时间分成交通时间、生活事务、学习成长等的全局概念这种更大的视角上。

任何一个时间记录 App 都要建立一套标签，也就是说，需要你告诉 App 你现在在做什么事情，为你当前正在做的事情取个名字。而我认为时间记录这件事，最难的就是取名字这一步。

就像我们对素材进行分类管理，讲究的是 MECE 原则：相互独立、完全穷尽。时间记录也一样。例如，我和人交流，可以算是"社交网络"，又收获了很多，那到底是算"社交网络"还是"学习成长"呢？做时间记录会经常出现类似的疑问。所以 App 只能满足功能，更关键的还在于用它的人。知道如何持续做好这件事的方法，其背后需要一个稳固的、简单易行的系统。

2016 年我开始写手账，我的日程管理和时间记录自然又迁移到了手账上。在很长一段时间里，我都是靠翻阅手账来回忆那些特别的事情发生在哪年哪月哪一天的。

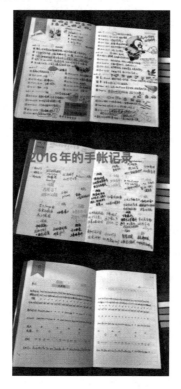

2018 年我加入了语写社群，了解到时间记录服务项目，我也尝试

着参考剑飞老师的时间标签体系开始记录时间。依然能清楚地记得 2018 年 12 月 31 日，我在一天内极限挑战语写 14 万字，用了 11 小时 39 分钟。2021 年 7 月 30 日，我收到了剑飞老师新鲜出炉的两本书——《语音写作》和《时间记录》。

《时间记录》对我来说是一本答案之书。我用了一天的时间将其看完，就立马报名了 8 月 1 日开始的时间记录月度训练营。自此，我开始了一天没有间断的时间记录之旅。到今天（2023 年 8 月 30 日）已经记录了 762 天，可以说时间记录完全改变了我的生活模式。

时间记录，价值百万的好习惯

一直相信生活的一个比较好的状态是：过去给你自信，未来给你希望，当下给你踏实。我是个记录爱好者，力求让生命有迹可循。自从养成了稳定的时间记录习惯，我变得更加从容。

1. 对过去，有复盘

记录数据是为了看到数据呈现的反馈，这些客观的数据可以让我更加了解自己的真实状态。通常我会进行两个方面的复盘。

一是例行复盘。比如，晚上睡前看一眼时间列表，大概知道今天的时间去向。每周同样如此，回顾上一周的数据。每月初便基于时间报告再整体回顾整月各个维度的数据，对比前几个月看看关注的维度是否有变化。

二是事件复盘。比如，下意识地看一下这个月花费在某个时间标签上的总时间，是否达到预期。当关注到某一事件的时候，便会刻意针对这个事件进行单独的时间记录，在积累了一段时间的数据之后，再进行回顾分析，并做出下一步的决策或行动。

我通过这个方法解决了自身的很多小问题。比如，我没有喝水的习惯，于是把喝水量数据绑定在每天固定的那条语写时间数据里，开始刻意培养。还有类似于换洗床单的频率、情绪指数的变化等，都能从我的时间数据中得到答案。

这一"特异功能"甚至被我的家属给盯上了，有时他也会问我"看看我们上一次来这里是什么时候"，因为我一翻看时间记录便知，"噢，原来这么久了"。

2. 对现在，有记录

记录时间连续不间断 700 余天，这个动作早就成了一种本能，当下发生了什么，自然而然地就把它记录下来。

因为有时间记录在手，我可以更坦然地接受时间是不可逆的，时间是每分每秒都在流逝的，把握住当下就好。

3. 对未来，有相信

分享一个做事心法，叫作"科学鼓励，数据自信"。我们在做事情的过程中一定会遇到各种困惑，这时除了需要自我勉励，还需要通过学习或利用工具帮我们理性分析，再然后就是不断地做、不断地实践，积累数据，用数据说话。

成年人的底气来自实践，自信来自脚踏实地一步一个脚印地用体力活儿构建出来的数据事实。

在我完成第一个 1000 万字语写之后，我有绝对的信心迎接第二个、第三个……在我进行了两年多完整的时间记录之后，我有充分的信心面对未来更多个两年，因为我知道在我的时间里发生了什么。

我经常会收到朋友们的反馈，说我是生了娃以后状态依然超棒的妈妈。我欣然接受朋友们的赞赏，也会顺便分享我的"秘密武器"，其中之一就是时间记录。

我记录了许多关于宝宝的内容，比如，她的睡眠时长、她在不同阶段的作息和饮食需求、她的许多第一次体验等，充分了解宝宝的状态也就更能把握好自己的状态。

时间记录，生活的参考答案

1. 为什么时间记录能告诉我们答案

因为时间记录让时间能被看见，让一切有迹可循。

每周一，我都习惯性地回看过去一周的时间数据，并做两件事情：一看时间报表，看各个标签下的时间折线图，例如，"睡眠时间"是否出现大波动，重点关注的"阅读时间"是否每天都有；二看时间日程，看每天做事的时间段是否稳定，例如，"语写时间"都在每天睡醒时出现，重点关注的"阅读时间"都在睡前出现。

在"时间统计"App里,不同标签下的时间会对应不同的颜色,色块越大,说明持续时间越长。色块越多,说明投入程度越大。色块出现在时间轴上的位置越固定,说明时间结构越稳定,生活的随机性越小。

时间记录,背后是一个人的行为体现。如果一件事情是你的个人爱好,但从时间上看,你并没有投入过多少时间去做,那就需要考虑它是否真的是你的爱好,还是只是你的感觉?

时间记录,用客观数据帮助验证你的主观感觉。如果你打算认真去做一件事情,那从时间上看,意味着在接下来的日程表里它应该出现得更频繁。最好还能固定时间点、固定时间段、固定频率，再加上预计要投入的时间和验收成果的截止时间。

2. 在时间记录中可以找到什么答案

找兴趣爱好，找个人定位，找战略方向，找时间漏洞，找任何你想要找的。怎么找？在过去的时间记录中找，在未来的时间记录中找。

找的方法是一样的。从数据的角度出发，数据可以分为已经生成的和即将创造的。过去的时间数据，即代表了过去的时间分配。看看自己在哪些事情上花了时间，是否代表自己的兴趣投射；看看自己在哪些事情上有了成果，是否可以作为继续探索的方向。

你的过去中就藏着你的未来。未来是什么样的，是由现在决定的，现在做的事情就是在创造未来。未来的状态，也是由现在的投入决定的。我们总习惯于依赖想象或感觉去判断事物，实际上，当真正做了记录之后就会发现，也许并不是那样的。

时间记录，可帮助我们矫正对时间的预估和评判。根据过去的时间数据，决定未来如何走。就像一家公司，基于过去的数据，制定未来的战略方向。

如何通过时间记录去创造更精彩的未来？让想做的、要做的、值得做的事情，出现在时间记录当中。即投入时间去做，倾斜时间资源。时间是一种有限的资源，不会增加也不会减少。于是，把时间分配用来做什么事情，就显得尤为重要。

越厉害的人，其时间资源越值得投入，相对也越贵。所以放到个体上来说，未来你打算探索某个定位是否适合，那就给定一个时间节点，在这之前投入时间资源，拼尽全力去做。时间到了再来回顾，看结果是否达到了预期。如果没有，应考虑是否是方法不对，是否是时间投入不够，还是动作没做到位等。这就是在创造未来的数据，通过利用未来的时间帮助自己找答案。

3. 如何加快找到答案的进程

我的办法是缩短时间周期。一件事情原本要花 3 天的时间才能拿到结果，那么是否可以加快脚步，拼尽全力用 2 天时间。再带着答案，利用节省出来的 1 天时间继续进入第 2 轮行动。行动，拿结果。再行动，再拿结果。最小化中间的探索时间，即缩短时间周期，从而提高时间资源利用率。

在研发产品时有个概念叫作 MVP，即最小可行性产品。在做项目时先通过发布一款拥有最少必要功能的可以上线的产品，去验证用户的需求，进而再投入更多资源往大了做。这种方式可极大地节省前期的验证时间，把时间节省出来做后续的产品迭代。

缩短时间周期，还可以加速成长。以我重启语写为例，在 2022 年 5 月 15 日，重启语写的第 25 天，我定下以一个月为单位，在上个月稳定达标的结果之上，每个月最低语写字数都比上个月拔高 3000 字的目标。然后再改成以半个月为单位去拔高。于是我的语写字数目标及完成结果，从 1.2 万字到 2.2 万字再到 2.5 万字，再到 6 月 16 日—6 月 30 日当前半个月的目标：晨间语写完成 2.7 万字，全天语写完成 3 万字。

事实上，我都是提前完成目标，也都是超额完成的。我不断地沿着自己的能力边界做出突破，享受制定目标－达成目标－拔高目标带给我的持续动力。甚至有一次，前一天临时接到通知，晚上要做一场分享，于是我用 20 分钟做准备，最终花了 30 分钟用 45 条语音完成了一场 8000 多字的高能分享。

缩短时间周期，加速找到答案，创造精彩人生。就像柳比歇夫，从 26 岁开始记录时间，不间断记录 56 年。他生前发表了 70 多部学术作品，从分散分析、生物分类学到昆虫学等，还写过不少科学回忆录。这是把短暂的一生活出了多大的时间容量啊！

时间记录，语写的黄金搭档

1. 以日为单位

我的语写习惯是：在语写中加入固定话题，且每天发朋友圈复盘当日语写情况。我在重启语写第 2 天的复盘里就写道：语写中常要有如下主题——问为什么、复盘、计划、感恩、夸夸自己。重启语写第 7 天，因为知道接下来一个月里会有新的时间支出，于是开始规划每天的可用语写时段。后来这个话题就演变成了，除了语写时段，在其他空余时段也会相应规划要做的事。

我会在语写里回顾前一天发生的事情，于是就想到借助"时间统计"App 里的事件描述来进行回顾，后来就自然地开始了回顾前一天的时间数据。我在重启语写的第 14 天写道：连续几天语写都固定的话题——昨日时间统计数据回顾、昨日事件记录回顾。这就是蛋蛋在语写中最开始进行时间规划、回顾和分析的由来。

重启语写半个月后，我不满足于一天只完成一万字，但时间又有限，在时间不变的条件下要想提高字数就要提高语速。于是，在重启语写的第 17 天，语写复盘加上了字数和语速观察。到重启语写的第 19 天，我开始有意识地拔高每日的语写目标。

安排充足的时间，是目标达成的首要保障。随着语写目标字数的提高，在当前语速水平下，每天需要多安排出时间进行语写。从提高每日语写字数，到养成早起习惯、每日阅读 30 分钟、每日一拍、喝水、每天录一条视频号素材等一系列动作，就这样，语写帮助我做到了持续目标管理。

这是我在重启语写之前不敢想象的，因为我一直认为自己没什么多余的时间。但经过探索，我发现自己不仅能做到，还能持续做到！所以一定要相信，通过调整时间结构真的可以有越来越多可利用的时间！

2. 以周为单位

在习惯了每天回顾前一日的时间数据后，到重启语写的第 33 天，我又开始在语写中回顾前一周的时间支出。我对每天的时间花费是比较了解的，那不如在看实际数据之前，猜一下过去一周我的各个时间标签的数据是多少。对比后，我被自己惊到了，和实际数据基本差不多！我终于感受到了时间分析的快乐！

剑飞老师在《时间记录》一书的第 63 节中写道：感受快乐跟享受快乐是两回事。拿时间记录来说，需要进行时间分析，这样才会长期感受到时间记录的快乐。通过对比预估数据和实际数据，你会发现二者的误差是多少，慢慢地就会对自己的时间支出更加了解。

3. 以月为单位

过完一个月，我还会对月度时间的预估和实际数据进行对比。再依据上个月各个时间标签下的数据，大致预估当月每个时间标签能占用多少时间，进而制定下一个月度目标，再把月度目标拆分到四周的周目标中去。

因此，现在我每天语写的前 4 个固定话题是：

·回顾前一天的事件（流水账日记）。

·预估前一天的时间数据，再和实际数据进行对比（能及时发现问题）。

·回顾这一周的目标计划及进度。

·预估今天的空余时间段和计划做的事。

周一，我会在回顾完前一天的时间数据后，再回顾前一周的数据。先预估，后对比。月初，我会在回顾完前一天的时间数据后，再回顾前一个月的数据。先预估，后对比，还会预测和分配这个月的各个时间标签的时间。再结合当月目标，把目标分到四周中，这样就有了新的周计划和进度。

如此，就形成了时间预测－规划－预估－对比分析－规划的良性运转。最近，我又加上了更细致的月周规划和每日时间比对校准，真正感受到了时间记录－时间分析－时间规划－时间预测的魔力。

时间记录，人生平衡的校准器

用长期价值属性来对待一件事情，是跟随剑飞老师学习以后最大的收获之一。关于"熬夜"，剑飞老师说"现在的债，36 岁以后来还"。关于"财富"，剑飞老师说"大多数人的财富基本上是 30 岁以后积累的"。关于"赚钱"，剑飞老师认为"一个在三年及以上的时间都能保持情绪稳定的人，一般情况下会比情绪不稳定的人，能赚到更多的钱"。

1. 把健康当成一种长期资源

基于"只有时间资源是有限的",我开始思考把健康当成一种资源来看待。你可能听说过"职场的前半段可能靠的是智力,但是后半段靠的是体力"这句话,所以说,懂得休息的人能走得更远,因为健康资源是有限的。但是从另一种角度来看,我们也可以积累或是储存这种资源。如何做到呢?运动,或者养生。比如,我从现在开始运动,越早开始就能越早储存,这让我在年龄大了以后依然有健康资源可以消耗。

2. 把时间当成一种长期资源

对于每个人来说,健康永远排在第一位,没有了健康,就没有了时间。电影《时间规划局》里有一句经典台词:意外或暴力事件,会让一个人立马没了时间。所以当我把时间看成一种资源的时候,我的思考角度发生了变化。

时间资源是有限的,因为时间是不可逆的,它并不会像其他资源一样随着时间的推移而增多。正因为时间资源有限,我们每个人的时间资源又是一样的,所以如何利用好时间资源为我们创造更多价值,才是要重点思考的问题。

于是我就想到了一个问题:如何提高时间资源的利用率?如何提高呢,从运营的角度,搬上一个万能公式:时间资源总利用率 = 单位时间资源利用率 × 时间资源数量。提高单位时间资源利用率,也就是提高速度,提高效率。单位时间内产出越多,即效率越高,时间利用率就越高。时间利用率越高,时间资源的价值就越大。

那么时间资源的数量可以提高吗?我的答案是可以的,我认为它等于时间的重复利用。时间过去了就过去了,如何重复利用时间呢?

我的理念是，一份时间当两份用。

如何做？留住时间，把过去的时间通过文字或影像的方式保留下来。这份时间虽然过去了，但是在未来的时间里可以通过这些文字或照片回忆起当时在这个时间里的时间，也就是说，这个当时的时间会在你的脑子里重复出现。我觉得这就是把一份时间利用出了两份的价值。

从一个角度来讲，每个人的时间资源是等同的。从另一个角度来讲，每个人的时间资源又是不同的。人真正要学习的是，怎么延长、增加时间的容量。容量大，做事就快，思维就清晰。从资源的角度来看待健康和时间，把时间和健康当成属于自己的资源，我们要思考的是如何把资源价值最大化。

结合长期思维，用长远的角度去看待这件事情。健康和时间，都不是一个在短期内就能看到收益的事情，要以长期价值去衡量在这件事情当中获得的收益，我认为这样才能使自己更加客观地去利用当下的资源；去思考，如何为未来储存更多健康和时间资源。

时间记录，带来的三个收获

1. 信念越发坚定，越发有底气

时间记录做得越久，我的信念就越坚定，自身也越有底气。

我把语写跟时间记录这两件事情结合在一起，不断地设置目标并达成目标。尤其是在 2022 年重启语写之后，我再次用 50 天完成了100 万字语写，致敬了 2018 年 50 天完成 100 万字的经历，后面又用 140 天完成了 500 万字，最终在 250 天内完成了 800 多万字，终于跻身千万字语写达人的行列。完成这一结果是因为我有坚定的信念，我认可语写的价值。

在成为一个新手妈妈之后，我更加认识到时间真的非常宝贵。又想陪孩子，又想家庭、事业、学习、成长一把抓，于是我更加希望做出一些改变。在我真正做出改变之后，是可以看到我的时间投入的，因为我有时间记录。

在时间记录当中，我可以看到，比如我做一张思维导图，花了多少时间，收获到多少报酬。包括我重启语写，不断地投入时间，然后发现我的语写目标从每天完成 1 万字、2 万字，到 3 万字、4 万字……我不断地突破自己的能力边界，不断地制定新的语写目标，而且我还不断地做到了。

就在这个过程中，我不断地做时间规划，最终又达成了目标，所以投入时间做规划、做计划直到完成，我感觉我是越来越有底气的，因为我知道做成一件事情的底层原理是什么，我相信我能做成，相应地去投入时间，相应地去制定目标，做出时间规划和计划，我最终就能做成。

2. 以年为单位的耐力

我的自我介绍中包含一个人生信条，叫作"保持真实，坚持创造，做一名耐力型选手"。语写和时间记录，做得越久就越能培养耐力。

体现在时间分析上的耐力，要以年为单位去看待时间。在 2022 年 8 月初，我进行时间记录满一年，当时非常兴奋，感觉自己非常富有，终于有去年今日的数据可以看了。直到我在时间统计的网页版中看到各种不同的报表，发现有不同维度的对比数据，大一点儿的维度是今年和去年、这一季度和上一季度，我才意识到原来我的时间记录做得还不够久。

由此我真正感受到时间记录要以年为单位去看，因为从年的角度去对比的话，才可以发现更多的问题。

3. 更强的情绪转换能力

影响从一件事情切换到另外一件事情的效率的因素，包含情绪转化能力和专注力。情绪不一定是生气，有的时候可能是发呆，或者可能需要自己做好准备，才可以投入另外一件事情，这就是情绪转换的能力。当能做到快速地转换时，就相当于中间的时间损耗降低了。

有句古言叫责难无以成事，大意是责怪别人也好，或者说去抱怨也好，对这件事情都是于事无补的。只有更加快速地把这件事情处理好，才可以利用好我们的时间，对于做成事情才是有用的。

在进行了时间记录之后，我对时间及时间的效用更加敏感，不会把时间损耗在切换事情的过程中。比如，有一天早上我带宝宝去打疫苗，在路上跟老公闹了点儿情绪，心情十分不愉快。即便我的眼泪在眼睛里打转，但到了防疫站，我立马投入打疫苗这件事情中。在当天的语写中也总结到，以前可能至少得花半个小时才可以让自己从这个坏情绪中走出来，但当天只花了不到 5 分钟的时间，就立马切换到另外一件事情上了。

时间记录，持续做好的秘诀

1. 把时间记录指向解决问题

如果说想要培养时间记录习惯，一定是需要带着指向解决问题的方向出发的。

我一直是个不爱喝水的人，为了让自己养成喝水的习惯，我就把喝水这件事情放到时间记录里。在每天固定的语写时段里，记录这个时段喝水多少毫升，以此来观察喝水数据。慢慢地，我的喝水量可以稳定在每天 500~600 毫升，对我来说这就是一个很大的进步。

我还会在时间记录中，记录每个时段的语写字数和语速。为了养成阅读的习惯，我也会去关注时间记录中每天的阅读时间是多少，甚至记录阅读速度。所以，一定要把时间记录真正指向解决自己的一些真实问题，一方面对自身有好处，另一方面，是真的在应用时间记录这个工具，而不是为了应用而应用。

2. 在时间记录中创造新鲜数据

什么叫新鲜数据？如果你想让一个关键词出现在时间记录中，那么就一定要去做这件事情，然后这件事情的关键词才会出现在你的时间记录中。比如想要去日本旅行，那么一定是到了日本，这个词才会出现在你的时间记录中。

那么还有哪些是新鲜数据呢？第一次的体验，或者第一次出现的关键词。举一个我自己的例子。有一次带宝宝出去玩，她中午需要睡觉，于是我就让她在车里睡两个小时，大人也在车里解决午餐、午休问题。我还在午休之余，在车里阅读了半个小时，所以当时我是这样记录的：我在某某地点阅读了半个小时，这个地点是某某广场某某地面停车场。这个地点就非常新鲜，它有可能只会在你人生当中出现一次。

如果以后再去回顾，可以回顾到很多真实数据背后的回忆。所以，我们应在时间记录中多创造一些新鲜数据，这样会更多地感受到时间记录的乐趣。

剑飞老师在《时间记录》一书中讲到感受快乐和享受快乐，这是什么意思呢？做一件事情，从不会到会，刚开始获得成就感是很容易感受到快乐的。但进入机械记录期之后，这种快乐就会变得平淡，所以一定要去创造一些新鲜的体验，这样才会让你享受到时间记录持续带来的乐趣。

3. 一定要定期做时间分析

如果只是机械地去记录数据，那么这个时间记录没有用。我以前是做运营的，运营人员是非常注重数据分析的。如果在后台收集了一堆数据，而没有对数据做分析，去解决实际的业务问题，那这些数据就只是一些信息。所以，我们对时间记录进行分析之前，要兢兢业业地记录好真实的数据，以便后面的分析更加准确。

一定要做好时间分析这件事，这样才可以通过不断地调整时间结构，让我们变得越来越好。要把时间记录的数据当成你的情报局，经常去情报局看一下，通过分析数据对自身做一些调整，这才是真正的数据改变行为，行为改变数据。

剑飞时间记录体系
——化解二胎职场妈妈的中年危机焦虑

符莉娴（迪宝妈）

作者介绍

符莉娴，法学硕士研究生，10 年法律工作者，就职于三线城市的一家金融公司，担任公司律师。2022 年 9 月，二胎休产假时接触到剑飞老师的时间记录体系。通过一年的时间记录，找到了持续记录时间的方法，看到了自己未来五年的发展轨迹，在面对即将到来的中年危机更加从容淡定。

我的高光时刻

坚持母乳喂养 837 天，大宝上幼儿园时很少生病；累计记录时间 371 天，找到了家庭、自我成长和工作的平衡点及节奏。

做过的最大挑战

2022 年 10 月 1 日，国庆节，挑战一天语写马拉松，完成 42229 字；践行林文采心理营养育儿法累计 1000 余天；践行亲子阅读累计 1000 余天。

扫描二维码
与作者一对一交流

我很幸运，硕士毕业后就在当地找到了一份与专业对口的工作——在一家金融公司从事法律相关工作。这些年，我多次获得公司的先进员工奖，即使在 2018 年有了大宝后，也依旧能把工作和家庭平衡好。那时我很享受每天的生活状态。

这样的日子虽然没有大富大贵，但是在三线城市里生活居住已经足够了。周围的朋友都很羡慕我，家庭和谐幸福，工作稳定舒适。我以为我的生活就这样了，但没想到二宝出生后，我的时间完全不够用了，为此我时常陷入焦虑。

二宝是 2022 年 7 月出生的，虽然有老人帮忙，但二宝还是黏我，加上大宝当时放暑假，一直和二宝争风吃醋。我一天的生活除了吃饭和睡觉，要么就陪大宝，要么就陪二宝。这样的生活持续了两个月，整个人都很烦躁。

2022 年 9 月的某一天，我看到好朋友咏梅在分享时间记录给她带来的帮助，就立刻向她了解具体情况。她正在和一位践行 10 年时间记录的老师学习。于是，我和时间记录的缘分就从 2022 年 9 月 26 日正式开始了。

为什么我要做时间记录

成为两个宝宝的妈妈后，我发现高效利用时间对于妈妈来说是巨大的挑战，既要高质量带娃，又想拥有自己的时间，还不能影响工作。既要、又要、还要的我在听到剑飞老师的时间理念后顿时清醒了。

一天对于每个人来说都是 24 小时，都是公平的，想要过上"既要又要还要"的生活，那就必须要清楚地知道自己一天的时间都花在了哪里，只有这样，才能通过调整时间结构去调整自己每天的时间利用！时间不被记录，你永远不知道自己的哪些时间被白白浪费掉了。

除了时间不够用，还有剑飞老师的一句话敲醒了我安逸的心态：

你如果再不抓紧一把，中年危机就要来临了。

中年危机，这四个字经常在网上见到，从来没觉得这四个字会发生在自己的身上，剑飞老师的这把"剑"真正刺痛了我。我和先生的工作虽然稳定，但是薪资不算太高，而且即将面临 35 岁的年龄，上有 4 个老人，下有 2 个孩子，未来 10 年内的教育和养老都需要一笔不小的开支，饿不死，但是过得不会很轻松。

每个人每天都有 24 小时，你怎么利用这一天的时间，你就会怎么度过你的人生。与其被动等待度过辛苦的中年，不如主动改变现状。于是我在 2022 年 9 月 26 日正式成为剑飞老师的时间记录服务学员，跟着剑飞老师和一群长期做时间记录的学员一起学习。

如何持续一年做时间记录

时间记录，顾名思义，就是把自己每天在哪个时间做了什么事情记录下来，你可以把时间记录在自己的本子上，或者记录在电脑里。而剑飞老师的时间记录则是在"时间统计"App 中记录自己每天各段时间分别做了哪些事情。在"时间统计"App 中，剑飞老师把每天的时间分为七大类，分别为学习成长、工作事业、社会交际、家庭生活、健康休闲、交通时间和睡眠时间，我个人认为这七个时间标签已经涵盖了普通人每天所做的事情。

在剑飞老师的时间记录体系里，时间记录是基础，做好时间记录后要对时间数据进行分析、规划，最后找到可以让时间增值的事情。很多人在了解了这套时间记录体系后都觉得特别好，但是大部分人做时间记录做了一个星期或者一个月后就没有下文，更不用谈分析、规划和增值事宜了。作为时间记录小白，我是如何基本做到持续记录时间一年的呢？

1. 相信时间记录对自己有帮助

正式启用"时间统计"App 进行记录是在二胎休产假期间。在刚开始记录的时间数据里，陪伴家人的时间位居榜首，其次是睡觉、吃饭，和我没做时间记录前没什么区别，我感受不到自己的变化。

当时我就在想，为什么别人做时间记录就有很大的改变，而我没有，是不是哪里做得不对？就在我深思的时候，剑飞老师发微信问我："小娴，你这 10 天里都没有运动啊，你有必要把这个月（10月）的运动时间设置成 10 小时，平均下来是每天 30 分钟左右。"

在收到提示后，我顿时醒悟了。那时我的睡觉时间比较多，虽然有老人一起帮忙带娃，自己偶尔也有放松的时刻，但是整个人总感觉没劲儿，提不起精神来，肩膀和脖子很痛，原来是自己缺少运动了。于是我调整了自己的时间安排，每天早上睡醒后，一边看二宝睡觉，一边在床上做肩颈运动。

就这样，我 2023 年 10 月时间数据中的运动时间达到了 7 小时 17分 36 秒，离剑飞老师要求的 10 小时还有点儿距离，但我解决了肩颈疼痛的问题。这个小小的变化让我坚信做时间记录是非常有意义的事情。

2. 及时做时间记录的方法

（1）把"时间统计"App 放在手机首页，同时设置手机壁纸的图片和时间记录有关。《时间记录》一书中说，如果及时记录时间，那么每天花费的时间也就是 10 ~ 15 分钟。为了让自己能及时做好时间记录，刚开始记录时间数据时，我把"时间统计"App 放在了手机首页明显的位置，同时把手机壁纸图片设置成与时间记录相关的内容。这样一打开手机，我的大脑就收到要做"时间记录"的信息，于是就会马上去看我的时间记录数据是否有遗漏。

（2）场景一旦发生变化就启动时间记录。根据自己所处的场景来提醒自己做时间记录。作为在职场打拼的两宝妈，我的场景切换频率不是很高。工作日，我主要在公司、在法院和在家；周末，我主要在家，陪伴家人是我用时最多的。当按照场景来提醒自己记录时间后，我发现基本都能及时做时间记录。

（3）遇到"门"就做时间记录。遇到"门"就做时间记录，这是学姐小奇分享她做时间记录的好方法，也是我做时间记录的窍门。在平时的生活和工作中，我们会遇到各种各样的门，如家门、车门、酒店门、办公室门、图书馆门、茶馆门、运动馆门等，在记录时间的这一年里，我惊讶地发现，原来这些门的背后也隐藏着不同的时间标签。

走进家门，接下来可能会产生餐饮时间、陪伴家人时间；走进车门，接下来会产生交通时间；走进图书馆门，接下来可能会产生学习成长时间；走进酒店或者茶馆门，可能会产生休闲娱乐时间、社会交际时间、餐饮时间等。每扇门的背后都会有不同的时间价值，做好时间记录，你就会看到每扇门背后的价值。

（4）在"时间统计"App 中提高自己的年收入。最初我是按照自己的实际年收入来填写"时间统计"App 里的年收入的。由于收入不高，所以从时间数据上体现不出时间很贵。后来，听剑飞老师说，我们可以把年收入填写成 1000 万元，这样从数据上就可以看到自己所做的每件事对应的时间价格，你会觉得时间很贵。

随即，我把我的年收入调整为 1000 万元。刚开始我确实觉得时间很贵，我要及时做好时间记录，不然就白白浪费钱了。但是过了一段时间，自己看到那些时间数据对应的时间价格后，觉得太虚了，不符合自己的真实情况，说实话，自己也没有能力用一年的时间达到 1000 万元的年收入。

于是我根据自己的实际情况，把年收入写成 30 万元。这个数字是我未来三年能够得着的目标。当把这个数据改变以后，我能清晰地看到我做的每件事情背后的价格，这个价格比现在贵很多，一对比，自己的行动力就跟上了。

（5）定好每日检查时间记录的闹钟。在我的闹钟设置里，我设置了三个检查时间记录的时间，分别是早上 9:00、中午 12:30 和晚上 9:30，这三个时间一般对应的是餐饮时间、午睡时间、晚上准备睡觉的时间。定好闹钟后，每次闹钟一响，我就会下意识地去检查有没有遗漏的时间记录。每次检查一般也就需要 2 分钟，如果有遗忘的，我会尽量立即去补记录，如果当时没时间补，那我在下一次闹钟响起时一定要补上。这样一来，基本能做到时间记录不出现大错误。

（6）找到一个团队一起做时间记录。一个人很难坚持，一群人坚持就容易多了。当其他人在群里发时间数据时，我就会下意识地去看自己的时间数据，激发自己认真做时间记录的动力。久而久之，在团队氛围的影响下，我忘记做时间记录的次数越来越少了。

（7）每天回顾时间记录数据时夸夸自己。我每天晚上睡觉前会回顾时间记录数据。把两个孩子哄睡后，我就会去看看今天的时间记录数据是否有缺失，如果没有缺失，就对自己说："小莉娴，你今天不错啊，时间记录得太及时了！"如果有缺失，我也会对自己说："小莉娴，我很欣赏你，你今天这么忙还记得记录了那么多的时间数据，少一部分没关系，现在补上就好！"就这样，不管自己的时间数据是否齐全，我都会夸夸自己，从心理学的角度来说，这是给自己心理营养，滋养自己的生命力。

3. 无条件接纳自己

人总会有懒惰的时候，尽管找到了不少做时间记录的方法，但是在这一年里，我也有忘记做时间记录的时候。

我刚开始忘记做时间记录时，内心会有很多自责，"怎么回事，连这点儿小事都做不好"。我清晰地记得，时间记录做了两个月后，从第三个月开始，我经常忘记记录时间，因为我都记得这些时间用在哪里。

没想到，自己的这个想法让我的时间数据中断过三天。看到"时间统计"App 后台的多个小红点，我心里很不舒服，很想放弃。当时想，我已经做了两个月的时间记录了，比起其他人，我真的好太多了，同时想到时间记录给我带来的帮助，而且又花了那么多钱报名时间记录服务，这样放弃太亏了。于是我接纳自己，特地花了近 1 小时的时间去补时间数据。在补时间数据的过程中，我不停地在感叹，我的时间去哪儿了，我怎么不记得了，真是应验了"好记性不如烂笔头"这句话。

忘记做时间记录是常态，但是当我想起来的时候，不管自己忘记了多久，我都告诉自己，我是可以忘记做时间记录的，我也是一个普通人，我已经做时间记录很多天了，我今天把之前的补上就好了。时间记录是要做 3 年以上的，偶尔忘记几天，又有什么关系呢，做好随时启动时间记录的心态。往长远看，偶尔的时间数据错误并不影响个人的长期发展。

时间记录是为我们服务的，我们不是为了记录而记录，而是要在时间记录的这些数据中找到自己的人生轨迹，通过不停优化自己的时间数据找到自己喜欢的人生轨迹。所以，忘记做时间记录并不可怕，尽快补上即可。

时间记录给我带来的改变

行为体现数据，数据改变行为。在这一年里，记录时间改变了我很多非理性信念和不良行为。

1. 哺乳期的我不再对"早起"有执念

在没做时间记录之前，我认为早起（6 点前）是一件非常好的事情。早起的时间可以用来和自己独处，用来阅读，用来写作。所以我在哺乳期仍要求自己坚持早起，当时还特地参加了一些早起训练营的课程或者陪伴群。

然而，每个月的时间数据告诉我，我真正早起没几天，平均早上起床的时间为 6:40。在真正早起的那几天里，我虽然也做了一些事情，但是整个人都没有精神，主要体现在工作效率低及晚上回去陪娃没有耐心。

为什么自己不能早起？很大的一个原因是，我家二宝还没断夜奶，夜间喂奶特别影响一个人的睡眠。每天晚上我至少夜醒喂奶 1 次，所以睡眠质量与普通人相比肯定会差一些。这也就是我做不到早起的重要原因。

时间数据让我看到了当下的有限。早起固然好，但是适合自己的身体才是最重要的，当下如果我选择了早起，那么对整个人的身体消耗会很大。没有健康的身体，坚持再多次的早起也没有意义。所以我把早起的执念暂时放下，当下应该好好对待自己的身体。

2. 大大减少了熬夜的次数

作为在职场打拼的两宝妈，每次哄娃睡觉后基本上都要 10 点半了，娃睡着后才是妈妈的时间。在没做时间记录之前，我经常在娃睡觉后躺在床上刷短视频刷到凌晨。人一旦养成习惯是很难改变的。

剑飞老师设计的睡眠时间原理是，只要晚上 12 点没有睡觉，那么当天的数据里只会有午休时间。当看到这些数据时，我惊呆了。正好验证了剑飞老师的理念，时间记录在短时间内看不出来什么，时间一长，总会让你看到你当下问题的真相！从那个月以后，我慢慢调整了自己的作息，当我熬夜次数越来越少时，我的睡眠时间变得越来越有规律了。

3. 对两种事项有清晰界限

在剑飞时间记录体系里，"陪伴家人"事项用于记录自己在一段时间内专注陪伴孩子或家人，注意力在家人身上的情况；"生活事务"事项用于记录自己在一段时间内做的生活事务，比如买菜、做饭等。

刚开始记录时间时，我每天大部分的时间都花在"陪伴家人"和"生活事务"这两项上，因此认为这个时间记录没多大作用，还向时间服务的学姐小奇问了她的感受。她说："时间记录在短时间内不会让你感受到变化，一个季度、半年或者一年后再来看，你就会发现自己有很大的改变，你现在是休产假阶段，陪伴孩子是当下最重要的事情，当你半年后再回来看这些数据时，你会觉得特别有意义！"

从那时开始，我就特别重视记录陪伴孩子的时间，将它和生活事务区分开，特别是在回归职场后，晚上回到家，我快速完成我的生活事务，然后耐心陪伴两个孩子。《心理营养》的作者林文采提出，在二胎家庭里，父母要做到分别给每个孩子一对一的 15 分钟陪伴，给到他们重视，这样可以大大降低两个孩子发生恶性竞争的概率。所以，我晚上陪伴孩子的时间至少会在 1 小时以上。

当我把"生活事务"和"陪伴家人"时间分开后，回到家瞬间轻松很多，做事特别高效，陪伴孩子也很用心、很有耐心。

4. 我的时间很贵

刚开始记录时间时，我的时间价值是按真实的年收入填写的，所以感受不到时间很贵，但当我把年收入改成 30 万元时，单位时间的价值就显现出来了！当看到每天的"生活事项"需要花费那么多钱的时候，我就会有意识地提高处理生活事项的效率，有计划、有速度地去做每一件事情。

当我看到陪伴家人的时间很贵的时候，在陪伴家人时就会全心投入去做，珍惜陪伴家人的时间；当我看到学习时长每天有限且很贵的时候，就会在每次冲动报课的时候进行权衡，这个课程对于我来说是否必需，当时间成本高出购课价格时，那么就可以放弃这门课程了。对于现在的我来说，每天需要得到保护的时间是运动时间、学习成长时间、陪伴家人时间。

时间记录让我明确未来五年的发展轨迹

在剑飞老师的时间记录学员里，我属于"小白"级别，只记录了一年，所以我对时间记录的感受远不如做时间记录长久的学员深刻。但是仅就这一年的时间，时间记录不但改变了我的生活和工作状态，更让我大大降低了对中年危机的焦虑，同时明确了自己未来五年的发展轨迹。

1. 保护好陪伴孩子的时间

即将面临中年危机是真的，但是在中年危机面前，在合适的时间里做合适的事情才是最重要的。孩子在 6 岁前，父母的陪伴尤为重要，特别是妈妈的陪伴。在未来几年，在我的时间记录体系里，陪伴家人依旧是位居前列的。

当我明确了目标后，我不再为没有独处时间而烦恼，而是在陪娃的时候会更加专注，把注意力放在如何高质量陪娃上，而不是为了陪着而陪着。当心态发生变化后，我越来越觉得陪伴孩子是当下最有价值的事情之一，我要保护好陪伴家人的时间。

2. 全力以赴把本职工作做好

研究生毕业已经 10 年了，在这 10 年的时间里，我在工作上也有了些小成就，多次获得公司先进员工奖项。但是自从有了两个孩子后，工作时容易出现懒散状态，领导交代的任务也只是做到了完成，而不是全力以赴地去做。自从我做时间记录后，当我看到工作事业背后对应的时间价格时，我发现时间真的太珍贵了。

既然需要工作 8 小时，为何不能想办法让这 8 小时发挥更大价值，创造更多财富呢。所以在接下来的时间里，除了做好本职工作，我还要积极主动与公司领导协商公司合规体系的建立，以及建立新员工法律实务培训工作，充分发挥 8 小时的时间价值。只有这样，我才能在本职工作中获得更高的价值，得到升迁的机会，缓解家庭的经济压力。

3. 每天力所能及地做求发展的事情

我特别喜欢剑飞老师在《时间增值》一书里提到的一个法则："把力所能及的事情做到极致！"刚开始读到这句话时，我的压力很大，因为我对"极致"的理解是要做到很厉害，做到次数很多、频率很高。比如一年至少阅读 100 本书，每天语音写作 1 万字等，反正就是标准很高。

但是经过这段时间反复读《时间增值》这本书，我悟出了这句话背后的意义。剑飞老师要告诉我们，做自己能力范围内的事情，每个人的极致程度是不一样的，每个人在每个阶段的程度也是不一样的。当我这么理解了以后，我发现自己的内心舒坦了很多。

作为在职场打拼的两宝妈的我，除了睡觉时间和餐饮时间，工作事业、陪伴家人和生活事务时间是最多的。然而，如果不增加投入学习的时间，真正到中年危机时，我的选择就会越来越少，所以每天要力所能及地去做一些求发展的事情。

在剑飞时间体系里，学习成长时间主要分为三部分，一是阅读时间，二是写作时间，三是除了阅读时间和写作时间，学习其他知识的时间。自毕业以来，我除了看法考相关的考试图书，只看过一些育儿方面的书，其他内容的书看得很少，所以认知和思维受限，面对问题无法从多维度去分析，容易产生内耗。所以从 2023 年开始，我给自己定了一个目标，每天至少阅读 15 分钟和写作 15 分钟，循序渐进，做到自己的极限，然后再一点点突破自己的极限！

4. 保护好健康休闲时间

在剑飞时间记录体系中，睡眠时间、运动时间及健康休闲时间的投入统一称为健康时间的投入。人人都是自己健康的第一责任人，身为父母，更是要对自己的家庭负责，对孩子负责。

身体是 1，没有健康，一切归为 0。想让未来的时间数据漂亮一些，那就从爱自己开始。不熬夜，每天坚持运动 15 分钟，健康休闲时间除了玩手机和电脑，还可以多去户外做运动，多爱自己一些，比如做一些美容项目等。

一年的时间说长不长，说短也不短，做时间记录的这一年对于我来说是成长最快的一年，长期浸泡在剑飞老师的学员群里特别有学习成长的动力。更为重要的是，剑飞老师用行动给每个学员做出了示范，他真正做到了知行合一。

中年即将到来，我很幸运遇见剑飞老师的时间记录体系，我的中年危机焦虑感大大降低，不再担心害怕，只想脚踏实地地走好每一步，记录好每件事的时间数据，通过时间数据调整自己的时间规划，不急不慢，有节奏地度过中年这个坎儿！

用时间的力量创造内心之光，设计自在人生

贺洁星

作者介绍

贺洁星，"80后"，心理咨询师，生涯规划师，"素心人生设计"微信公众号主理人。武汉大学硕士。具有13年媒体和教育管理经验，曾服务于腾讯、凤凰网地方站。34岁辞职，转行心理/教育，践行时间管理和语写，提供专业咨询服务，解决内耗和心理障碍，创造内心之光。

获得美国正面管教讲师、重庆市妇联家庭教育讲师、生涯导师等认证和荣誉，心理和生涯咨询时长达2000小时。

截至2023年8月，时间统计1361天，语写648天。

我的高光时刻

性格内向，曾经有发言恐惧，经过练习能面对近千市民开展"科学使用手机"的家庭教育大课，现场反响热烈；开展心理、家庭教育和生涯类公开讲座已近500场。

通过专业的心理和生涯咨询帮助了近千人：休学两年多的少年正常上学了；婚姻濒临破碎的夫妻和好了；抑郁焦虑到无法工作的成人上班了；有对视发言恐惧等社交障碍的来访者（咨询客户）能大方交流了；"不配得感"严重的女性光芒万丈……

做过的最大挑战

34岁设计人生第二曲线（心理咨询师），毅然裸辞总编室主任职务，零经验转行到心理行业，从零开始积累一对一咨询经验，6年咨询时长达2000小时。

获得国家二级心理咨询师、生涯规划师、生涯测评师、家庭教育指导师、高考志愿规划师、美国正面管教讲师、英国思维导图导师、DISC人际关系顾问、重庆市妇联家庭教育讲师、新华书店荣誉导读师、生涯导师、壹心理等专业心理平台咨询师等认证和荣誉，也是高校兼职心理咨询师，成功转行。

扫描二维码
与作者一对一交流

你还记得你的 2021 年是如何度过的吗？这一年，我 39 岁，是转行到心理与教育行业的第 4 年。朋友们都在社群吐槽：我的收入一直降，工作没有起色，怎么办？孩子上网课，家里鸡飞狗跳，夫妻长时间在一个屋檐下争吵不断……似乎，成长的脚步都放慢了。

但我，在这一年，不仅在任职的教培公司顺利地从品牌管理岗转到培训管理岗，实现了自己精进心理培训的事业规划，还收获了重庆市妇联家庭教育讲师和生涯导师等荣誉。此外，我成功地从国内最大的心理学平台壹心理的粉丝变成了签约作者与助教；心理和生涯咨询时长突破 1000 小时，咨询收入能养活自己了，总收入创历史新高，职业选择也更自由。

在家庭方面，和老公的关系越来越亲密，和父母的关系也变得温柔而有边界。

回顾这一年，我并没有因为外界环境的恶劣而被迫放慢脚步，而是按照我自己的人生设计稳步前行，这也是我成长较快的一年，事业、家庭，都让我满意。

可以说，通过设计人生，我过上了自己向往且满意的生活。如今再回顾，其中有时间管理和语写的很大功劳。当时我进行时间统计（时间管理工具）已经有 600 多天，通过时间的力量，不断创造我的内心之光，让我由内而外焕发出生命的力量和光彩，不断设计人生做自己。

我们的人生需要自己设计

请看下面这道填空题：

我，今年__岁，学历是__，工作是__，一年挣__元，住__平方米的房子，开__万的车，有__个孩子。

你填写时是什么感受？其中又有多少是你自己决定的？对于我们很多人来说，人生似乎是一个模子印出来的"复制品"：

上学时，奔着名校拼命读书；毕业后，做着"普信光鲜"的职业；结婚，找的是门当户对的对象……看似人生很顺利，但自己却总觉得憋屈、难受、被束缚，迷茫空虚，没有存在感。

我是一名心理咨询师，我的很多来访者都有类似的感觉，我也曾有过这样的感觉。为什么会这样？因为这样的人生是被他人所设计的，而非自己做主的，这未必是自己想要的人生！你想改变吗？

要想改变，就需要设计人生！只有自己设计自己的人生，才能做自己，把人生的"方向盘"牢牢地握在自己手中，让人生的这辆"小车"朝着自己想去的方向前行。

不想自己的人生被他人设计，就要主动设计自己的人生。

我也经历过这个阶段，深深地理解"复制品"之苦。所以，在我突破之后，就把自己的成长经验带入我的心理与生涯咨询中，成为"人生设计师"，和来访者一起设计各类人生体验，包括思想、情感、行为、关系、职业……通过各类体验，我们从中获得人生的智慧，从而逐渐清晰"我是谁，想要什么，想去哪里，如何去"这些人生成长终极问题的答案。由此，让人生朝着自己想要的方向成长，最终自在地做自己。这就是人生设计。

我们在"设计人生做自己"的旅程中，会收获满满的存在感。因为，我们赤条条地来这个世界到最终离开，真正能留给自己的只有各类体验：爱和被爱，七情六欲八苦，被认可、被否定的体验等。

我们在各类体验中感受越真切，就会获得越多独一无二的人生智慧，也就是内心之光，也就越有存在感（感觉自己真实地活着）。

人生设计，需要时间的力量加持

我接待过很多来访者，经常在咨询中诉说"没有存在感"，究其原因，还是亲身体验和由体验得来的智慧太少，正所谓"纸上得来终觉浅，绝知此事要躬行。"但这也不完全是个人原因，因为现在整个社会对试错的容忍度较低，试错成本较高。智慧，却要来自体验，怎么办？

我们需要时间的力量加持。持续践行时间管理和语写技能，就能产生时间的力量。

对于时间管理，我的理解是，管理并明智地用好你的每一分每一秒，这可通过时间统计来实现，也就是记录我们每一秒在做什么（做），它们构成了我们的人生。

语写，则是用语音记录下我们所思所想（思）的写作方式，因为语写的速度一般为 200 ~ 400 字 / 分钟，能更真实地呈现出我们瞬间产生的海量想法，它们也是我们人生的一部分。

时间统计 + 语写搭配的组合，简而言之，就是"做 + 思"的组合。

美国心理学家阿尔伯特·班杜拉的社会学习理论认为，我们是通过学习认识和理解世界的。学习有两种不同的过程：一种是我亲自做，从而获得行为的反应模式，这是直接经验的学习；另一种则是我观察示范者做了什么，从而获得行为的反应模式，这是间接经验的学习。

也就是说，我们通过"做 + 思"进行学习，从而认识和理解世界。我们做得越多，思得越多，就会在内心形成一个又一个有组织、可重复的行为模式或心理结构，心理学家把它称为"图式"。每个人的内在图式越多，认知就越丰富和深刻，心理也越成熟，也就越能自在地做自己。

比如，我今天听了一场心理讲座，这是我的"做"，我做好时间统计，同时通过语写对在讲座中体验到的心理知识（直接经验）和观察到讲师的讲授方法（间接经验）进行记录，于是我就获得了心理讲座的直接经验和间接经验，从而拥有了有关心理学的一个图式，实现了成长。

时间统计 + 语写，是帮我们将学习经验变成文字（视觉化）图式并丰富内在图式的工具。时间统计 + 语写 + 持续践行，会使我们的内在图式越来越丰富，认知越多，我们也就越清晰"我是谁，想要什么，想去哪里，如何去"，越能践行和调整人生设计，从而越来越能做自己，自然，人生的"方向盘"也就牢牢地掌控在我们手中了！

如果要给这份时间的力量加上一个期限，我的答案是至少 50 年。

用时间的力量，明确人生设计方向

此时，你是不是已经迫不及待想要学会时间统计和语写技能，准备设计自己的人生了？

那就请你拿出手机，下载"时间统计"App 和剑飞"语写"App。注册登录，在"时间统计"App 中记录当下你正在做的事件及时间标签（工作事业、学习成长、运动健康……），点击 + 号，完成第一条时间记录；在剑飞"语写"App 中点击日期，进入输入界面，记录第一条语音写作的文字。记录下第一条记录后，我们每天做好时间统计，语写 1 万字（自由语写），就开启了人生设计之旅。

人生设计首先需要一个方向：明确现状，找出人生方向。也就是明确"我是谁，想要什么，想去哪里"。我们需要观察时间统计数据明确现状，分析时间统计数据和语写内容，找出人生方向。

在开启阶段，如果你之前从未做过时间统计，那么我并不建议你完成一条或一天的时间统计就立即调整时间的使用，而是需要把统计时间拉长到至少 3 个月。找出人生方向的步骤如下。

1. 充分地感知原始的时间统计数据，明确现状

我在没做时间统计前，以为自己每天工作 8 小时，娱乐 1 小时，睡觉 8 小时，阅读至少 0.5 小时。但统计了 3 个月后，我回去看以前的时间统计数据，才发现，原来自己平均每天工作 6 小时，娱乐 3 小时，睡觉只有 7 小时，阅读不到 10 分钟。

这就是"时间的错觉"：我们常常以为自己能记清自己的时间使用情况，但只有客观的统计数据才能让自己明确现状，它比我还"懂"自己。所以，做好每天的时间统计，只统计不调整，先让自己看清现状。

现状往往是残酷的。在 2019 年开启时间统计后的第 3 个月，我观察到自己当时的状态：虽然在事业上投入了 30% 的时间，但实际收入很少，单位时间价值很低。再分析具体的事件描述，原来我在事务性和沟通性工作上投入了大量时间，最后产出成果却很少，价值很低，而且只有单一的收入渠道。更要命的是，我想在事业上转型到心理方面，原以为自己会把大量时间投入在这方面，但实际上我投入在心理方面的工作和学习时间都很少，这样下去，还有转型的可能吗？

这就是现实带给我的感知震撼：我以为的时间使用情况和现实的时间使用情况有很大差异。而我们的人生正是由时间构成的，这些客观数据也在告诉我：我以为的人生方向和现实的人生方向有很大差异。在获得了时间的感知力后，我们就需要分析时间统计数据。

2. 分析时间统计，找出人生方向

分析时间统计数据时，我们需要先理解剑飞老师常说的时间规律：你的时间花在哪里，你的注意力就在哪里，产出的成果就在哪里。

就像我，之前把时间大量花在事务性和沟通性工作上，这方面的工作成果也有，但价值很低，当我看见这些时间统计数据时，我并不开心，感到难受和憋屈。这说明，我并不喜欢这样的人生。但我为什么还会在其中投入大量时间呢？因为它们做起来容易：沟通就说说话，事务性工作就是复制粘贴，不用怎么动脑子。人类偏爱更简单不费力的工作，自然会选择做这种事情。

当我认识到这个时间使用的逻辑时，就开始思考：我真的想拥有这样价值较低的人生吗？还是，我想要与这不一样的人生？此时，想法有些乱，语写就紧跟其后。

在语写中，可以用以下 4 类问题作为素材：

问题一：我在哪些事情上花费时间最多？花了这么多的时间，有什么产出？

问题二：这些事情的产出是我想要的吗？我对此有什么感受？有什么想法？

问题三：我想要的人生是这样的吗？如果不是，我想要的人生是怎样的？（工作事业、学习成长、关系、健康、睡眠、休闲等）想要有什么产出？

问题四：为了我想要的人生和产出，我应把时间投在哪里？它跟之前的事情有什么区别？

我们可以通过语写把自己的想法变成文字，对这些文字进行再思考再记录，也就是对自己的认知进行再认知，由此，每天都语写一遍。语写 50 遍后，你就获得了人生设计的智慧，明确了自己的人生方向。

我就是这样做的。如今再看自己的语写记录，每隔 1 ~ 2 天就回答一遍以上问题。在这个过程中，我逐渐找到了自己的人生方向：实践派心理学家，有理论有实践有成果，帮助更多的人"设计人生做自己"，这需要大量的心理学学习和实践。

3. 调整时间使用，往想要的方向尝试行动

在这一步，要关注的时间规律是：时间总量是有限的，此消彼长，增加一类时间的使用，就意味着要减少另一类时间的使用。增加和减少，都要心中有数。

在分析完时间统计数据后，我调整了自己的时间使用分配：增加心理学方面的学习时间，每天下班后学习，大量输入心理学知识，在专业上尽快成长；增加心理学内容分享时间，通过分享倒逼输入、让自己检验理解程度；增加心理咨询时间，抓住每一个机会积累实

践经验，从而在实践中创造理论；增加写作时间，让自己更准确地传播理论。由此，我开启了微信公众号"素心人生设计"，并坚持每日更新，持续传播人生设计的理念。

与此同时，减少生活事务、休闲娱乐和交通时间，让自己的生活、休闲和交通尽量少占用学习和事业的投资时间；稳定睡眠和运动时间，增加对健康的保障。

在这个阶段，我会经常打开"时间统计"App 查看自己的时间使用情况，也会在每日、每周、每月分析时间报表和时间报告，并及时通过语写复盘自己的时间是否在朝着自己想要的人生方向使用，反思这样的方向是否是自己想要的，以此调控自己人生的"方向盘"。

由此，我们通过时间管理和语写技能，找到了人生设计的方向。步骤如下。

（1）明确现状：充分地感知原始的时间统计数据，明确现状是否是自己想要的。

（2）找出方向：分析时间统计数据，特别是投入较多时间的数据，及时语写反思（至少 50 遍），找到自己的人生方向。

（3）尝试行动：调整时间使用，不断复盘语写，检验找到的人生方向是否是自己想要的。

用时间的力量，拓展人生设计方案

但这样的人生设计就够了吗？还远远不够。我想问你：如果你的人生只有一种活法，此时你会有什么感觉？顿时感到无聊？无意义感？人间不值得？

这就是为什么很多年轻人当有了"一眼望到头"的稳定重复工作时，反而会觉得人生无意义。我的很多来访者都询问此类问题，因为，人生的新鲜体验少了，感知少了，信息少了，智慧也随之少了。

但我们人类，虽然害怕，却本能地喜欢不确定性、随机性和混乱性。整个宇宙是一个复杂系统，复杂系统的核心是：压力源即信息。系统通过压力源或者借助压力源，向其组成部分传递信息。重复和熟悉的"不变"很难产生压力，不确定性、随机性和混乱性带来的"变化"才容易产生压力，同时也就产生了很多信息，信息会引发感知，感知是体验，由此才会产生智慧。

可以说，我们人类正是通过各类压力体验产生智慧，从而成长的。人生设计，如果只为自己设计一种活法，不断重复它，那远远不够。人生设计的第二个重要内容是方案：丰富体验，调整信念，拓展人生更多可能性。

1. 设计思想体验：反复语写 ABCZ 四种活法，调整信念

要让自己主动体验压力，很不容易。此时，我们可以先进行思想体验：通过语写创造人生设计的思想体验。可以采用个人发展专家古典老师提供的 ABCZ 四种活法进行人生设计，让自己拥有不同活法中压力的体验，由此获得人生的智慧。

A 活法：如果我一直像现在这样活下去，会怎样度过这一生？

B 活法：如果我不能按照 A 法活下去，我还有什么活法度过这一生？

C 活法：不考虑外在（金钱、名声等）形象，我想过的疯狂生活是什么？

Z 活法：如果我接连受挫、寸步难行或者很平凡普通，我还可以怎么活？

这四种活法，我们都要真正践行吗？

未必。如果遇见了，就通过时间统计不断定投时间践行，反复校正人生方向；如果没遇见，就通过语写完成思想体验，让自己定期校正人生方向。

于是，我语写过以下内容：

> 我现在正在践行的是 A 活法：事业上，稳步成为心理咨询师，按照心理咨询行业的成长规则，培训、督导和实践，每一步走扎实。生活上，健康成长，和老公经营好家庭，孝顺父母，增添新成员，相知相伴共成长。这就是我想要的活法。

如果 A 活法不行，我的 B 活法是：

> 事业上，我可以结合媒体人的经历，做生命故事访谈者，做一档自己的访谈节目，传递生命的力量；也可以做心理学周边和体验产品，让心理学变得触手可及。生活上，人与人都有聚有散，我们终将遇见孤独，在其中不变的是爱自己，爱家人，爱他人。

如果不考虑外在（金钱、名声等）形象，我的 C 疯狂活法是：

> 成为一个心理创业者，建立一个伟大的公司，创立新思想，通过公司产生更大的力量，影响到更多的人。

最后的 Z 活法：

> 我其实已经遇到过了（失业、疾病），即使寸步难行，也要在当下做好自己能做的，正常作息和三餐，再逐渐面对困难，分析问题，找到破局的最小行动（学习和运动），不断践行，多做一点儿，再多做一点儿，最终能做的就越来越多，能力也越来越强。如果很平凡，就找到自己当下能做的工作，找到一个安静自然之地，耕种、钓鱼，身边人不多，平静健康地生活，学习和传播我喜爱的心理学，温暖身边人。

当我语写之后，我看见了一个关键词："心理"。原来我对心理学有一种使命般的热爱，而我要从事心理学相关行业，也不只有"心理咨询师"一种可能。它让我感觉到人生的自由：我的人生不是仅有一种活法，而是拥有很多可能性！

这四种活法，我至少语写了 10 遍以上才逐渐清晰。这个信念，也是通过反复语写看见的。但我在咨询中，见过很多来访者常常被"人生仅有一种活法"的信念所束缚：只有考上名校，才能有好前途；只有找到绝对稳定的工作，才能活得好；只有有房有车，才能娶老婆……这些信念，往往束缚了人生更宽广的发展空间，让人陷入了无法动弹的僵局，进而发展出心理障碍，比如焦虑、抑郁等。

但这些信念本来就是不合理的：没有考上名校有好前途的，大有人在；稳定是相对的，职场活得好不好主要看能力；感情无法用物质来取代……

信念影响行动，进而影响人生。所以，要让自己的人生自由，我们需要调整这些不合理的信念，将它们替换成灵活的新信念，实现信念自由，从而行动自由。

在语写中开展思想体验，书写不同活法的主题，就能逐渐形成并强化灵活的新信念"人生拥有很多可能性"，再用这种新信念替换原来僵化的旧信念，我们就不会因为"能否考上名校"而过度焦虑和抑郁，不会因为没有找到绝对稳定的工作而不去工作，不会把人生的所有追求都局限在房车等物质财富上，这又会是一种什么感觉呢？

我在心理和生涯咨询中就经常这样询问来访者，每每来访者突破了类似的限制性信念，都会对我说：我感觉到了前所未有的自由和力量，我感觉自己可以行动了，我感觉不用强迫自己被动"卷"而是主动追求所爱，这种感觉真好！

如果你没有进行心理或生涯咨询，但又想突破自己的这些限制性信念，就从现在开始语写吧！当我们突破了内在的限制性信念，变得越来越灵活时，就会主动丰富自己的人生体验，拓展人生的可能性。

2. 设计行动体验：为时间统计增加新鲜数据，复盘校正

由此，我们就可以采取第二种丰富体验的方法：尝试行动体验，用时间统计来校正。前提是，做好每日的时间统计，以保证所有的行动都被记录在"时间统计"App 中。此时，我们在分析时间统计时就会发现，其实我们每一天的生活都是重复或者类似的。

我发现，我上班时，早上 6:30 起床吃饭，7:30 左右出门，交通时间一般是 1.5 小时，在这 1.5 小时中我会阅读电子书，做好每日一页书的朋友圈分享，9 点之前到达公司。9:00-17:30 之间，除了午饭和午休，都属于工作时间。下班的交通时间 1.5 小时，19:00 到家。19:30 晚饭后的时间才真正属于自己，要么继续工作，要么

学习，要么娱乐，要么陪伴家人。22:30 入睡。

你的一天也是这样的吗？这样重复的体验就很难产生压力，也就很难获得系统传递给我们的信息。所以，我们需要增加一些新鲜的数据。这些新鲜的数据如何产生？很简单，做一件跟前一天不一样的事。

我为自己创造过"生活的艺术"活动，记录下这一天打动我的三个画面；我尝试让自己每天认识一种身边的植物；我选择今天的回家路线跟昨天不同；我主动跟一个新朋友交流；我晚上读诗……这些都是我曾在时间统计上增加过的新鲜数据。

当有了这些新鲜的数据时，我就又有了语写分析的素材，我会在这一天的语写中询问自己：

> 问题一：在这个活动中，我的感觉是怎样的？我喜欢吗？我还想做它吗？
>
> 问题二：我想做或不想做的原因是什么？喜欢或不喜欢的原因是什么？我的收获是什么？
>
> 问题三：明天我想为自己创造一个什么新活动？

通过以上三类问题的反思，反复语写，我就逐渐清晰了"我想做什么"和"不想做什么"、"我喜欢什么"和"不喜欢什么"、"我如何去"，这就是人生设计的方案，但这也需要重复做、持续做。所以，人生设计不是空想出来的，而是"做 + 思"得来的。"时间统计 + 语写"组成的时间的力量，让人生设计变成现实。

在这部分，我们的人生设计就有了方案：丰富体验，调整信念，拓展人生更多可能性。

（1）设计思想体验：反复语写 ABCZ 四种活法，调整信念。

（2）设计行动体验：尝试行动，为时间统计增加新鲜数据，复盘校正。

用时间的力量，践行人生设计行动

当我们在规划人生设计的方向和方案时，就已经在践行人生设计了，但要让自己一直为自己做主，需要持续的行动，最难的也是这一步。因为，一件事做一遍容易，但要做成百上千遍就很难，这才有了人与人才的区别。

我们常常会说：太忙了，时间统计和语写也没见效果，中断了；没来得及记录时间，第二天再回想就想不起来了；想着先把更重要的事情完成后再语写，结果到最后，就没时间语写了……这些问题，我都曾遇见过。

这也是很多人最后认为时间管理和语写没用的原因所在，因为，时间要产生力量，需要达到最低的练习时间。在没有看见它的力量之前，你就放弃了，怎么知道它是否有用呢？

所以，我们践行人生设计，也就是进行时间管理和语写，需要坚守原则，才能产生实效。这三条原则是：

第一条原则：重复。

时间统计，每天只要切换事务或场景就要立即记录；语写，每天至少完成 1 万字。要保持这样的重复频率，我们可以：

（1）从信念上重视它们。要从信念上真正重视时间统计和语写，就得先想清楚它们在自己人生设计中的位置。时间构成了我们的人生，所以，时间统计的数据反映着我们的人生，要调整自己的人生，就必须先调整自己的时间使用，使用时间的前提仍然是统计时间。语写，则反映着我们的想法，记录越多越真实，对自己真正想要什么了解得就越多。所以，它们构成了我们人生设计中的重要一环，没有它们，就没有人生设计的素材。

（2）从行动上先做它们。体现自己重视它们的最好方法就是提升它们在每日事物清单中的完成排序，将它们从最后一件事调整到每天的前三件事，越早完成越好。

我对此深有体会。我以前常常把语写放在每天晚上完成，但其实到了晚上，我因为疲惫就不想语写了，很难坚持。但是，在调整了时间顺序，把它放在早上完成时，我就体会到了完成时的轻松感。早上精力充沛，正好用它对前一天进行反思，对当天进行计划，同时，围绕自己的关注点进行深入思考，这也是在帮助自己从早上就开始把精力放在最重要的事情上，这是非常重要的。

时间统计，则是立即记录，而不是事后再记录，这才最能呈现真实。因为真实的数据才能反映真实的人生。

第二条原则：持续重复。

践行人生设计没有捷径，只有重复。持续地"做 + 思"，持续地明确现状、找到方向、丰富体验、调整信念、拓展可能、复盘校正，这就是我们的一生。

要让自己持续重复，其实也有方法：最小阻力。当做一件事阻力最小时，我们就更容易做它。要让阻力最小，就要让时间统计和语写的操作时间最短。

在这个方面，剑飞团队一直在更新这两个 App，让操作时间最短。

在时间统计上，如果你已经有了记录，就会在事件描述上自动生成关键词联想，以后再记录类似事件时，只需记下最开始的几个字，后面的关键词会自动补充完整，可大大节省记录时间。剑飞"语写"App，点开时间就能写，界面顶部和尾部的按钮，可让我们瞬间回顾和继续。

所以，选择一款好用的 App，也是"最小阻力"的体现，它能让我们更容易持续重复。

第三条原则：长周期重复。

当我们能够在 1 个月、3 个月、6 个月、1 年持续重复后，你感觉也很好，也看见了效果，就要考虑长周期重复。长周期重复，是指至少 5 年以上的重复践行。

我们可以通过持续语写、借助同侪的力量、找导师三种方式帮助自己进行长周期重复。

持续语写，是指在语写中，不断围绕这些主题语写：

主题一：我为什么要做人生设计？

主题二：人生设计给我带来了什么改变？

主题三：我为了做到它，接下来要如何行动？

让你看见它们为自己带来的改变，不断重复自己的承诺，你会更有动力坚持。

借助同侪的力量，是在自己动力较弱时，通过同一个圈子中的人帮助自己坚持下去。我也一直在剑飞老师的时间管理和语写社群里泡着，在难以坚持时，就会看看社群里的高手们是如何坚持的，也会因为有了他们的榜样作用，认为自己也能做到。就这样，我挑战了一天语写 10 万字。

找导师，是一条成长捷径。所有的高手，其实都有导师。如果你难以坚持人生设计，那么就需要专业导师的加持。我的很多人生设计类来访者，常常被一些问题困扰四五年，很痛苦，但跟我咨询几个月就发生了变化。他们总结时都后悔自己没有早点找到专业导师，因为时间不可复制，大量价值千金的时间因情绪或困扰而流逝。

我在没有遇到剑飞老师之前，也做时间管理，但做一次时间统计的月度回顾要 4 ~ 5 小时，数据统计太耗时间。跟随剑飞老师学习时间管理后，"时间统计"App 帮我节省了大量统计时间，节省下来的时间可以多做很多事，时间效率明显提高。同时，剑飞老师会进行指导，也会在社群中分享自己的很多秘诀，我们也能看见剑飞老师的成长，这种"影随"的学习方式很高效，让我们更容易达成长周期重复。

通过长周期的时间统计 + 语写，我们就会在长周期中践行人生设计，不断优化自己的人生方向和方案，5 年之后，会是什么样呢？10 年之后呢？

如今，我已进行时间统计 1361 天，语写 648 天，"素心人生设计"日更 1037 篇文章，冥想 30655 分钟，阅读 1275 次，运动 618 次，工作 8866 次……这是我的人生设计的数据，它们还在继续增加。

设计自在人生的总结

不想让自己的人生被他人设计，就要主动设计自己的人生。

人生设计：设计各类人生体验，包括思想、情感、行为、关系、职业……通过各类体验，我们从中获得人生的智慧，从而逐渐清晰"我是谁，想要什么，想去哪里，如何去"这些人生成长终极问题的答案，由此，让人生朝着自己想要的方向成长，最终自在地做自己。

修炼时间管理和语写技能，设计自在人生的精髓如下。

一个方向：明确现状，找出人生方向。

（1）明确现状。时间统计 3 个月以上，充分地感知原始的时间统计数据，明确现状是否是自己想要的。

（2）找出方向。分析时间统计数据，特别是投入较多时间的数据，及时语写反思（至少 50 遍），找到自己的人生方向。

（3）尝试行动。调整时间使用，让最多的时间投入到自己想要的方向上，持续语写复盘，检验这样的人生方向是否是自己想要的。

一个方案：丰富体验，调整信念，拓展人生更多可能性。

（1）设计思想体验。反复语写 ABCZ 四种活法，调整信念。ABCZ 四种活法如下。

A 活法：现在的活法。

B 活法：换一种活法。

C 活法：疯狂的活法。

Z 活法：平凡的活法。

（2）设计行动体验。尝试行动，每天做一件不同的事情，为时间统计增加新鲜数据，复盘校正。

一个行动：持续践行人生设计。

（1）重复。从信念和行动上重视它们，把时间统计＋语写安排在每日前三件事。

（2）持续重复。让时间统计和语写的动作时间最短，达到最小阻力行动。

（3）长周期重复。围绕人生设计主题持续语写，借助同侪的力量和找导师帮助坚持。

掌握语写，驾驭时间：
创造你的英雄之旅

慧峰

作者介绍

慧峰，在北京生活的"90后"女孩。曾在互联网教育公司工作5年，现在是语写团队的指导老师和个人成长教练；"自由职业互助社群""慧峰的小宇宙"公众号主理人；2020年2月13日开始语写，至今已语写3000余万字，时间记录1100余天；致力于发掘个体内在的珍宝，实现个人成长。

我的高光时刻

2021 年，我成功完成了一个之前毫无经验的项目。在这个过程中，我用语写每日记录并复盘，调整行为，更好地推进和团队的协作，获得了客户的高度评价。这个项目对我来说非常重要，因为它不仅让我获得了客户的信任，还让我更加自信地拓展新技能。

做过的最大挑战

2022 年初给自己定了语写 1000 万字的目标，刚好这一年被调到新岗位，工作繁忙，需要花更多时间投入。在年末的最后几天发现语写的字数和年初设定的目标相差 110 万字。我没有放弃，重新对自己的时间进行规划，每天坚持语写，最后成功完成了 1000 万字的目标，这让我更加相信自己的能力，也让我更加勇敢地面对未来的挑战。

这篇文章献给生命中每一个出现过的人——感谢我亲爱的父母、家人，曾经的同事、朋友、老师，现在的学员、合作伙伴，所有我成长过程中的支持者与见证者！

扫描二维码
与作者一对一交流

踏上冒险之旅

我来自山西的一个小村庄，毕业于一所不知名的学校，在南方的一个小城市找到了一份普通的工作。然而，2016 年，我抱着对大城市的渴望来到了北京，并且意外地在这里停留了 8 年。一开始，我不太适应北京的生活和工作节奏，这个城市对于一个稍微内向腼腆的人来说，要找到属于自己的位置并不容易。经历了许多次面试和严格的培训考核后，我成功地进入一家大公司，拥有了我的第一份正式工作。

这让我相信，我可以在北京生活下去！

随着时间的推移，通过不断地适应和探索，我渐渐喜欢上了这个包容、多元化的城市。在北京，无论你有什么兴趣爱好，都能找到志同道合的伙伴。就像小鱼进入大海，我在这里玩得十分开心。这座城市给了我许多启示和机会，让我找到了一个有助于成长的圈子，自由地探索我的兴趣爱好。我发现人生不仅仅是工作，它还可以如此丰富多彩。当时的我就像一个新生婴儿，对一切充满好奇，毫不犹豫地跳进去体验一番。

当然，在成长的过程中，我不可避免地面临着各种挑战。尤其是在过去的两年里，疫情的到来，打破了我们原有的工作模式，新的挑战接踵而至。虽然在工作中取得了一些成就，但我感觉到自己的发展受到了一定的限制，而且工作也并不是我特别热爱的领域。

随着 30 岁的临近，我开始反思自己的人生轨迹，思考关于未来的追求。我希望找到真正属于自己的身份、价值和使命。在这个过程中，时间记录和语写成了我忠实的伙伴、导师和智囊团。它们激发了我深入思考人生的方向，发现自己的潜能和激情。

1. 突破限制：重新定义人生轨迹与未来追求

偶然的机会，我开始了语写探索之旅。剑飞老师告诉我，语写是
一个长期的过程，不会很快看到巨大变化。这与我曾经上过的持
续 21 天或 100 天的课程形成鲜明对比。剑飞老师的长期主义理念
深深吸引了我，因此我加入了语写团队。令人惊讶的是，作为一个
对事情只有三分钟热度的人，我居然能够坚持语写三年！这真是个
奇迹！在这个过程中，我真正体验到了"长期做一件事情带来的复
利"的力量。

在《独居的生活》这本书中，作者讲述了一个 70 岁的老奶奶，在
美国的郊外租了一栋房子。她每天种花浇水，闲暇时收拾院子，偶
尔邀请朋友来玩，大部分时间都与书为伴，进行创作。这就是我理
想的生活方式，在宁静的世外桃源拥有自己的一方世界，而语写帮
助我随时开启这个宁静的世界。每天打开"语写"App，感受着每
个字从我的嘴中吐出，屏幕上字体的变化就像钢琴家弹奏的旋律，
真是太美妙了！

在享受语写带来乐趣的第一年，我解决了情绪内耗的问题。以前，
我总是拖延和纠结，脑海中充满了自我攻击和嘲笑，用来解决问题
的时间很少。但通过语写，我学会了快速表达自己的思考，看清思
维背后的逻辑。整个人变得更有自信，在职场上建立起信心，并积
累了宝贵经验。

第二年的语写让我敢于尝试新事物。在工作中，我主动承担起新项
目，同事和领导察觉到了我的改变。同时，在学习成长方面，我从
一个需要帮助的人，变成了一个能够帮助别人的人。我经常参与的
一个非营利组织的线下活动无法继续进行，我决定承担起责任，将
其转移到线上想尽各种办法继续推进。这个过程让我意识到，我

已经拥有了能够帮助他人的能力。这种变化让我感到非常兴奋和自豪。

在第三年的语写中，我迎来了另一个巨大的改变。我辞去了工作，开始自由职业的探索。我一直认为创业是在40岁之后才考虑的事情，但语写让我提前10年做出了这个重要的决定。随着年龄和责任的增加，做出选择的成本会越来越高，而现在正是最佳时机。

通过参加语写，我认识并挖掘了自己的潜力和优势。我不再是那个仅有三分钟热度的人，而是一个有长期主义思维的人。现在，我站在人生的十字路口，感到非常踏实和满足。虽然面临未知和挑战，但我相信自己的能力和选择。

语写已经不仅仅是一个工具和产品，它已经成为我人生旅程中不可或缺的指南和伙伴。

2. 关于追求热爱这件小事

2022年，我毅然决然地辞去了工作，经历了职业转型。之所以有如此强的底气，很大一部分原因得益于我一直在坚持语写，语写的过程让我对自己充满了信心，觉得自己能够把事情做好。另外，语写后我开始从向外求，想让这个世界看见自己，回归到向内求，语写就是一个不断看见自己的过程！

在语写的过程中，我不仅回顾了过去的经历，还进行了未来的预演，让我逐渐听到自己内心的声音，而我也会在语写时问自己一个问题：做什么事情能获得和现在一样的收入，甚至不如现在的收入，我也愿意去做呢？我发现，在语写里高频提到的信息其实就是潜意识中最感兴趣的内容；此外，当我谈论某些事情不自觉地会感到喜悦时，那就意味着这些事情与我自身的兴趣相关。还有，在做某些事情时，当我进入心流体验且沉浸其中时，那也是我得到满足感的来源！

当我们听从自己内心的声音时，会发现我们会对自己所热爱的事物放下非此即彼的评判，不去遗憾过去，也不会忧虑未来，就是全然沉浸在当下这一刻！

这样，我们就能知道自己在这个世界上最想去追求、体验的是什么，有那么一件事，也许在其他人看来很寻常，但在你这里它比其他任何事都重要。至于借助什么工具，如何用自己擅长的方式去做，可以结合之前工作的经验和优势。比如我喜欢与人交流，所以当我与人交流时会感觉轻松愉快；我喜欢深度连接的工作，那就用自己擅长的方式进行一对一陪伴，在语写陪伴中、在教练中、在做读书会时，在每一个与他人交流的场合用心做到这一点，并享受其中就好！

在这个过程中，时间记录成了一个客观的工具，反映了你投入精力的时间。语写是主观的，通过两三年的记录，当回顾时，我发现在某些方面投入的时间更多、更稳定，而且，在做这些事情的时候，感觉并不费力，所以我能够观察到自己在哪些领域比较擅长。

通过时间记录，我们能够更客观地看到自己的投入。通过这些事情，你能够看到自己想要深耕的领域。真正想做的事情不是一时兴起，而是一年后、两年后仍在坚持做的事情。语写让我在做决策时变得更有底气，那语写让我拥有的底气到底是什么呢？

探寻语写之美：独特魅力增

1. 我是丰富的海洋，本自具足

在青少年时期，因为家庭的变故，我成了一个内向而羞涩的孩子，总是一个人独处，躲避社交的目光，对什么事都习惯性说"不"。我感到自己是一片孤岛，被浩瀚的海洋包围，却无法穿越海洋的边界，感受世界的广阔。

直到开始了一段与语写的对话。慢慢地，我发现，文字不再是简单的符号和字母，而是一种神奇的力量，它可以打开心灵的闸门。我开始在语写里表达我内心深处的想法与情感，随着时间的推移，我发现自己渐渐变得自由而丰富。语写成为我探索内心世界的船，带着我穿越了一个又一个想象的大海。每一次灵感的涌现，都是一次奇妙的冒险，让我感受到内心的无限广阔。

通过语写，我从内向的岛屿变成了拥抱世界的海洋。我相信自己是具有独特魅力和无限可能的存在。每一次用语言表达的时刻，都是一次与世界产生共鸣的奇妙体验。在这趟旅程中，我学会了欣赏每一个细节，珍惜每一个瞬间，完成了内在的修复和疗愈，语写让我相信，我们每个人都是独一无二的海洋，内心深处蕴藏着丰富的宝藏。只需要打开心扉，勇敢地表达，用文字的舞蹈将内心的海浪带到世界的岸边，让人们感受到那独特的魅力和力量。

因为语写，我开始坚信我不再是被限制的岛屿，而是一个充满无限可能的海洋。我用文字开启了自己的内心宇宙，让生命的旅程变得更加丰富、有趣、触动心灵的同时，也为他人的心灵带去了一缕温暖的光芒。

2. 只言解决方案，不言问题

相信本自具足是一种信念，那在现实中如何落地呢？这里有一条剑飞老师提出的行动指南：

> 不说问题，只说解决方案。

当我们面临问题时，通过语写，往往能够找到解决方案。或许今天我们提出一个问题时束手无策，但在明天的语写中，可能就会找到解决方案，这是因为我们已经在寻找答案。

"不说问题，只说解决方案。"这种信念促使我们积极寻找解决问题的方法和途径，而不是沉浸于问题本身的消极情绪和困扰中。

通过思考和反思，我们能够优化时间管理，提高工作效率和生活质量。同时，拒绝无意义的事情，培养自我关爱习惯，也是实现这一目标所需的关键步骤，看到自己的更多可能性，成为更好的自己！

3. 激发创造力和想象力

语写是一种自由的工具，能够激发创造力和想象力。正如爱因斯坦所说："想象力比知识更重要。"语写帮助我们天马行空地想象、联想，在脑海中勾画出无限的世界。创造力是我们最宝贵的能力之一，在这个人工智能充斥的时代尤为重要。通过语写，我们将灵感和想象力融入创作中，发挥创作潜力。

4. 进行自我对话，探索内心世界

语写是一种真实的自我对话，它让我们打开真实的内心世界，倾诉并探索自己。语写的产出是独一无二、蕴含个人真实思考的。正如席勒所说："个人的情感体验是每个人独一无二的财富。"通过语写，我们挖掘内心，"分享感受，语写教会我们如何更充实地活在当下，留住每一刻的体验。语写连接着丰富的情感体验和内心世界，这是 AI 无法模拟的。

5. 找到内外资源平衡并拓展思维空间

语写能够帮助我们找到内外资源的平衡点。虽然人工智能拥有存储海量信息和快速产出的能力，但它只是一个外脑工具，需要内在智慧的激活。语写让我们注重发出内心的声音，让创造力源自无限的想象，而外在的数据终究需要内在的智慧加以激活。在语写的过程中，我们能够追逐灵感，展现无限的想象力，拥有自己独特的思维空间和创作自由。

6. 在语写中创造，回归现实行动

语写不仅停留在理论上的思考，还包括实践中的思考。在语写时，我们可以记录读书笔记、提升自我表达能力等。在进行思维训练时，我们可以借助已有的模板或工具。例如，每次阅读时，我会摘录相关的思维模式，并在写作时运用这些模式来锻炼表达能力和逻辑思维能力。通过对特定话题的思考，我们能够逐渐积累对某一领域的认知和理解。

要相信语写的力量。语写不仅能够帮助我们突破极限，在整理信息时使思维变得更加清晰，还能触及我们的潜意识，了解更深层次的想法。通过语写，我们能够深入潜意识中的思考，发掘自己内心深处的智慧。通过将思维转化为文字，我们可以更好地理解自己，挖掘有潜力的思想。

时光加成：品质再升迁

1. 揭开内心规律，拥抱当下自由

对于追求内心成长和灵魂满足的人来说，时间记录是一种简单又神

奇的工具。它能够帮助我们了解自己的各种日常规律，并从整体的角度来引导自己。

每天记录时间，初看没什么作用，但不知不觉影响了我对时间粒度的敏锐度。剑飞老师作为"时间统计"App 的创始人，他对待时间更是如此。记得前段时间去深圳的时候，剑飞老师在 19:30 要直播，但他在仅剩两分钟就要开播的时候，仍然询问我有什么问题。当时我和小伙伴都很惊讶，两分钟还能解决问题吗，结果没想到，在我提出问题后，剑飞老师几句话就将问题解决了。只要我们善于利用时间，就能够做更多的事情，可以更有效地利用时间，并根据自己的原则来规划和安排。

时间记录不仅有助于我们提升时间管理能力，更重要的是能让我们更加了解自己。通过记录时间的流逝，我们可以看到客观存在的规律。

曾经，我被朋友视为自律达人。每天下班后忙于各种学习，坚持早起运动，严格控制饮食，努力提升自己。然而，这种自律往往只能维持几个月，然后崩盘，回归到暴饮暴食、"躺平"玩手机的状态。我意识到，真正的自律应该是回归到生命本身的律动，随着生命的规律自由地流动。而时间记录则成为我观察自己生命规律的极简方式。

通过时间记录，我能更清楚地看到自己的生活习惯、对事件优先级的安排以及时间分配等方面的规律。这种觉察让我更加意识到当下的重要性，真正的自律并非为了追求某种目标或结果，而是在当下的每个时刻保持与内心共振，与生命的律动同行。

在时间记录的引导下，我拥抱当下的自由。时间记录是帮助我们体验每个瞬间、珍视每个片刻的方式。通过细致地观察和记录，我开始明白时间的宝贵，也学会更加珍惜当下的每一个瞬间。

时间记录，是我们揭开内心规律、拥抱当下自由的钥匙。通过简单记录时间的方式，我们能够更加深入地了解自己的生活习惯和对事件优先级的安排，从而在生活中找到平衡的状态。让我们共同借助时间记录这个工具，发现生命中的规律和节奏，细致感知每个当下的存在，活出真实的自己。

2. 洞察生命的痕迹，提升效率的关键

在剑飞老师的引领下，我逐渐明白了时间记录的真正意义。他告诉我，并不需要过多地去管理时间，只需简单地去记录。这个理念源自《奇特的一生》和《卓有成效的管理者》两本书的启发。思考冰山模型时，我们的无意识状态占据了 99%，只有 1% 的内容显露在日常行为习惯中。而时间记录，通过客观的数据，让我们能够看到潜藏在思维习惯中的表现和影响。

以往，我的时间记录比较笼统，只是将时间分为大块进行记录。例如，在单位的时间被记录为工作和事业。然而，全面居家办公的时候，我开始更加细致地记录时间，每天早上列出当日待办事项，并预估时间的花费。随着每项任务的开始和结束，我将其记录下来。晚上，我会复盘并查看自己在每个事件上花费的时间，从中发现自己在时间上的消耗与预期的差异。

例如，我在做 PPT 时，预计只需要两小时完成，但实际上花了半天的时间。后来我发现，我每次都是直接开始制作，有些手忙脚乱，导致思考和删减的时间占比较大。于是，我意识到在制作之前，应先明确想要实现的效果，构思好整体框架，最后再补充细节

内容。如今，有了人工智能的帮助，几分钟就能完成这项任务。

通过时间记录的客观呈现和复盘，我能够更好地了解和优化自己的日常事务处理。每件小事都能被细致观察，从而找到提高效率的方法。时间记录不仅能帮助我们洞察生命的痕迹，还可成为我们提升效率的关键。通过这个简单的实践，我们能够更加高效地安排时间，更好地实现目标。

3. 发现规律，管理能量，高效安排时间

时间记录不仅让我们看见时间的流逝，更是觉察和改变的开始。当我们分析每个月在各项事情上的时间投入和产出时，就进入了一个分析的阶段。时间管理的本质就是精力管理，也称为能量管理。日常休息可以分为心力（心灵）、精力（精神）和体力（身体）三个方面的休息。休息并不仅仅是睡眠，我们应该思考两个问题：在哪个时间段，我们的精力水平较高，哪个时间段精力水平较低，并给它们打分。还有，回想每天做什么事情时最享受、结束后充满能量。

每天早上，我能明显感觉到自己的精力水平较高，于是会先进行语写，做教练。到上午 9 点左右感觉精力水平下降，不是身体的疲劳，而是由于大脑思考后的精力水平下降。于是，我会进行一些体力活动，例如吃早餐或者运动，以此放松身心，重新充电。

每次吃完早餐，我的状态都非常不错，于是开始制订工作计划，处理一些重要的任务。到了中午，常常会感到昏昏欲睡，这时意味着身体疲劳，我会选择午休或者进行放松的冥想，通常持续时间不超过 30 分钟。下午，我会继续工作，下午六点以后会降低工作强度，开始专注于社交，例如与朋友或家人交流等，这对我来说是重

要的充电时刻。

晚上，我会保持一定的规律性，为自己预留一些时间用于个人成长和自我反思。在这个时间段，我会阅读、冥想、语写等，回顾一天的收获和自己的成长及思考发展方向。这个反思的过程可以帮助我提升自己的认知和成长力量。之前我的休闲娱乐时间占 8%～12%，经过调整后，一天的休息娱乐时间竟可以下降到 4%！

通过记录时间和投资，我们可以更好地分配和管理精力。在进行语写时，可以回顾并回答一些关键问题，如今天的精力投入在了哪里？是否把精力集中在有价值的事情上？是否将精力浪费在无法改变或控制的事情上？通过这种反思和整理，能够更好地认识自己的认知，并知道应该把精力集中在哪些事情上。

通过记录时间、管理能量和合理安排时间，能够更好地平衡自己的精力，提高工作效率并保持身心健康。语写是我加深对自己的认知及不断提升自己的成长力量的重要工具。

4. 整合资源，提高效率与生活品质

我们要整合自己的时间、精力和意志力这些宝贵的资源。要根据精力的规律来安排任务，把合适的任务放在合适的时间去完成。比如，如果早上阅读很容易困倦，那么可以将这个时间用来进行语写。在重要的事情上，要调动意志力。下午任务会堆积，而上午可以先完成一些琐碎的事情，但这样会感觉浪费自己的精力，所以上午可以尝试完成一些有挑战性的工作，需使用一些意志力。意志力是一种宝贵的资源，一定要用在值得的事情上！

在一天中，每个人都有相同的 24 小时，但并不是每个人都能充分利用这些时间。只有善用资源，才能使它们变得有价值。要相信自

己，相信自己最了解自己。善用自己的资源，遵循自己生命的规律吧！

除了整合个人资源，还可以在家庭生活和日常事务中寻找机会来提高效率。与家人的合作是一种很好的方法，可以分担做家务和照顾孩子的责任。和伴侣商定分工，轮流操持家务，不仅可以节省时间和精力，还能为其他重要的任务提供更多的时间。"众人拾柴火焰高"，当家庭成员相互合作、互相支持时，家庭必将更加和谐。

此外，可以考虑外包一部分做饭任务，以节省做饭的时间，从而将更多的时间投入其他重要事情中。同时，在交通出行方面应灵活选择，坐出租车或使用共享出行服务，可以利用这段时间进行语写，充分利用交通时间来提高效率。正如作家德奥弗拉斯多所说：

> 时间是一切财富中最宝贵的财富。

因此，时间记录和语写就是我们生活中的宝藏，它们可以帮助我们更好地掌握时间的脉搏，将我们内心的思绪和感悟倾注在文字之中。正如一位智者所说："时间是最有价值的财富，而语言是时间的统治者。"通过时间记录，我们就像时光的雕刻师，在记录的过程中，能够回顾自己的成长历程，发现自身的盲点和不足，并逐渐雕刻出更完美的自己。

而语写，则是我们内心世界的独白，它如同一面镜子，能够让我们更清楚地看到自己内心的真实想法和情感。只有真实地反映出自己的内心，才能让语写成为我们成长和表达的工具。

最后，分享给你一个故事。

有一只小鸟，它生活在一个小镇上的公园里。每天清晨，小鸟都会欢快地歌唱。它的歌声美妙动听，传遍了整个公园。有一天，小鸟的歌声引起了一位年轻人的注意。他受到歌声的启发，开始了自己的音乐创作。他弹奏着吉他，唱出了心中的旋律和情感。人们听到了他的音乐，被深深地感动了。

随着年轻人的音乐越来越受欢迎，更多的人开始关注小鸟和他的音乐创作。他们聚集在公园里，每个人都发掘出了内心的激情和才华，在音乐中流露自我。他们共同创作出了许多作品，感动了更多人的心灵。

这个小镇因为音乐的存在而变得热闹起来。所有人都在创造中找到了快乐和满足，他们的心灵因为音乐而永远年轻。

今天，希望我们在继续着的故事，就像那个年轻人的音乐一样，点燃你内心的火花，让你勇敢谱写出自己绚烂而独特的一生！让每一个早晨，都洋溢着你的美妙歌声，感染并激励着周围的人。你的存在将成为他人追求激情与快乐的灵感，让他们发现和发掘出内心的激情，共同创造美好的世界。

万物皆有裂痕，
那是光发出来的地方

蒋赛

作者介绍

蒋赛，大学老师，应用心理学硕士，国家二级心理咨询师，公众号"美松的花园"主理人。拥有 13 年心理教育和咨询经验，曾被浙江省亲青帮平台授予公益专家荣誉称号，担任台州市图书馆真人图书分享嘉宾，云享新阅心理专场嘉宾，台州市 FM98.7《府城倾听》节目嘉宾，线上线下分享共计上百场。自 2018 年 12 月开启语写和时间记录训练以来，至今已完成语写 1300 万字，持续时间记录 1900 多天。

我的高光时刻

2018 年至 2021 年，花费近 4 年时间带领团队寻访了 35 位工匠，采访对象有民间艺术家、国家级非物质文化遗产传承人、全国五一劳动奖章获得者等，被当地媒体报道，并荣获浙江省暑期社会实践优秀团队；2023 年，完成《工匠精神与心理咨询：极致与平衡之美》书稿，共计 8 万字，致力于工匠精神和心理学的传播和践行。

做过的最大挑战

人到中年，由于朋友的离世引发对人生意义的探索。从弱不禁风的"宅女"，开始锻炼身体，零基础高原徒步 9 小时。在徒步过程中，在原始森林里经历暴雨天气，最终克服内心恐惧，成功走出人生的荒原。通过 1900 多天的时间记录和 1300 多万字的语写，达成早起、阅读、正念静坐等微习惯的建立，开启崭新的第二人生。

扫描二维码
与作者一对一交流

走出人生的荒原

英雄之旅 (The Hero's Journey) 的概念最初由约瑟夫·坎贝尔提出，他在《千面英雄》中描述了英雄的旅程，并将其分为 17 个阶段。这些阶段包括英雄的普通世界、拒绝呼唤、导师的出现、跨越阈限、遭遇试炼、取得成果、回归等。这些阶段是主人公在旅程中所经历的心理和情节发展，以及他在面对困难和挑战时的成长和变化。英雄之旅是一条承载着时间脉络和空间变化的旅程，作为普通人的我，曾经觉得自己离这样的人生很遥远，直到遇到一个生命的契机，让我完整地经历了这个过程。

1. 缘起

一个平凡的下午，无意间瞥见一条消息：一个朋友在昨天离世了。那个刹那，我感觉整个人被定住了，一股巨大的悲伤像洪流一般从心底涌上来，"这么好的一个人，就这样离开了"。

我拿起纸笔，写下一句话：人的生命是有限的，如果我的人生只剩下为数不多的日子，那接下来，要怎么度过余生？是啊，我真正想过的生活是什么样的？一遍遍地问自己，然而，那一刻大脑里一片模糊，像置身于迷雾中的荒原，找不到方向。

想起剑飞老师 8 月要组织小伙伴去甘孜徒步，我问自己：要不要去？答案缓缓地浮上心头，"去吧，也许能找到你想要的答案"。于是，第二天，我找剑飞老师报了名。

报名后的几天，我觉得自己过于冲动了，头脑里冒出很多批判的声音，"平时也不做力量训练，一下子跑去高原长时间徒步，是不是步子迈得过大""这上有老下有小的年纪，万一出点儿事怎么办"。没敢和父母说，跟先生和朋友提了一嘴，他们在鼓励和支持的同时也表示出一些担心。

走出舒适区，是需要一些助力的，有时候是外界环境给的，有时候需要自己推自己一把。还记得"扔戒指法则"吗——先把自己心爱的戒指从栅栏的这一边扔过去，接下来就是思考如何爬到栅栏那一边，把戒指找回来。

不要害怕失败，害怕的应该是不再去尝试。既然决定了要去尝试，就要思考如何保证安全，如何顺利地完成旅程。在教练敏瑜的指导下，我开始提前 21 天每天练深蹲，把腿部力量练得更扎实，目标是每天 100 次。实在练不下去时，播放 victory 这样能振奋人心的音乐，给自己鼓劲儿。

在练习时，孩子当起了我的教练，不仅在边上帮忙数数，还一个劲儿地鼓励我，"妈妈，加油，还剩最后 10 个……"那段时间，他也跟着我一起投入到力量训练中。同时，为了让我提前适应爬山的节奏，全家人陪我去爬本地的白云山，就在这一天天的练习中，身体的力量感和内在的自信心随之提升。

2. 正式启程

"跟谁同行比我们要去哪里更加重要。"张磊曾说。这一趟旅程因为有剑飞老师、语写小伙伴，还有专业的教练敏瑜和海兔的同行，而有了不一样的体验。

一开始有近 3 公里的爬坡，每个人都在慢慢地适应高海拔环境。人生第一次在高原上行走，人生第一次使用登山杖，人生第一次跟着专业的徒步教练练习呼吸……虽然每走几步就要歇一下，走得很慢，但因为有教练敏瑜的鼓励和陪伴，我信心十足。

一直跟着剑飞老师练习语写和时间记录，对一段长程旅途会更有把握。一开始，在心里制定了策略：每到一个拐角，就在脑海里做个标记，同时，停下来喝一口水作为补给，再主观评估身体的"电量值"。比如到达一个拐角，觉得电量还有 80%，那接下来这几十米步子就迈得大一些，如果在下一个拐角处感觉自己的"电量"跌到 50% 及以下，那就慢一些，及时调整自己的呼吸和步伐。每个人都不说话，就这样默默地，专注脚下的每一步，专注每一次呼吸，一步一步地往上走，以找到自己的节奏。

3. 森林历险

走完近 3 公里的爬坡，来到第一个牧场，遇到一位好心的牧人叔叔，帮我们把水壶装满了热水。大家稍微休息了一下，吃了点儿干粮，就开始前往第二个牧场。一开始比较顺利，从没来过原始森林的我们，看见了各种奇妙的植物。一些树木粗壮有力，树冠茂密，树木下面，各种蘑菇如同精灵一般。蘑菇的颜色各异，白色的，黄色的，黑色的，褐色的等，如同一幅幅艺术品；蘑菇的形态也是千奇百怪，好像来自另一个世界。清茶还找到了和脸盆一般大的黄蘑菇，我跟杉杉在路旁遇到了一碰就会冒灰烟的蘑菇，真让人又害怕又兴奋。

走过第二个牧场，天上的乌云越来越厚重，逐渐蔓延开来，笼罩着整个森林。阳光一点点地被驱逐，森林变得昏暗起来。我小心翼翼地前进，目光不时地望向远方，心里开始紧张：接下来的行程可能会有些艰难。没过一会儿，雨水开始倾盆而下，而且愈发强劲，没有丝毫停歇的迹象。大家的鞋子开始渗水，随着雨水的灌入，双脚越来越冷。

最可怕的是，不远处闪电划破了天空，周围都是各种各样的树木，紧接着，雷声在头顶轰鸣。我向不远处的清茶问道："我们手上的登山杖会不会导电？清茶沉思片刻，说："它们本身不会导电。但有雷暴的话，咱们尽量远离登山杖。"在接下来的旅程中，我们时刻警惕雷电打下来，以便提前移动到远离树木且开阔的地方，放下登山杖，尽力避免被闪电击中。我的内心充满恐惧，还好一直有清茶在旁，她会和我聊过往的经验，因为她笃定的眼神，让我觉得希望就在眼前。

时间一点点地过去，雨还在下，所有人都在雨中缓慢地走着，随着雨水的冲刷，路面变得湿滑起来。有一段路特别窄，只容得下一个人通过，两旁是低矮交错的树林，前后百米内没有任何一个人。走在茂密的树林中，我感受到一种无法言喻的情感，如同一双无形的手臂紧紧地将我包裹在其中。那一刻，我陷入了一种奇妙的迷思中，不知道是恐惧还是孤独。

有一种在梦中的感觉：我为什么此刻会在这里，我来到这里的初心是什么，此时此刻，在暴风雨里，在茫茫天地间，我真正在经历着什么？如果我的人生就此戛然而止，会不会后悔？还有哪些遗憾？这些问题，如同对灵魂的拷问，直击我的内心。

随着答案一一浮现，泪水混着雨水，从脸上冲刷下来，我忍不住放声大哭起来。哭完后，回头看了一眼，小伙伴们还没有走上来，要不然会感到有些尴尬。但神奇的是，哭完后感觉卸掉了所有的包袱，开始变得轻松，越走越轻盈，也不再畏惧雷电，头脑中那些琐碎的忧虑和思绪也渐渐消散，整个大脑处于完全放空的状态，只剩下脚下的每一步。"只有面对恐惧时，我们才能真正发现自己内心的力量。"余下的路程，内心也愈加澄澈，相信目的地就在那里，只需要一步一步向前走，一定能到达。

4. 安全抵达

当我们抵达牛棚小木屋时，时间已经指向了 17 点 55 分。所有人卸下身上背着的行李，将鞋子、袜子和被子摆放在火堆旁烘烤。这一刻，真的像一帧电影的画面：在狭窄的小木屋里，我们围坐在火堆旁，闻着方便面的香味，感受着炉火带来的温暖，开始讲述这一路走来的感悟。

出发前，每个人都抽了一张《人生十六问》的卡片。我抽到的是：三年内，如果你要 All in 某个领域，它能让你获得成功，你想 All in 的那件事是什么？印象最深的是其中一个小伙伴分享的卡片，她抽到的是：你内在最恐惧的是什么？

我曾以为自己最大的恐惧是死亡。然而，回过头来，我发现真正令我恐惧的并非是死亡本身，而是在离开这个世界之前留下的遗憾。也许就像一个小伙伴分享的，"正是生命的脆弱和有限，提醒着我们要勇于去实现内心真正渴望的事。"

在那个当下，可能我们每个人的脸都被烟熏得黑黑的，但每个人的心都在大自然的"洗礼"下变得透彻又明亮。我们毫无保留地敞开心扉，畅谈内心深处的恐惧，真实的感受，以及曾经历过的人生片段，这是一个无比珍贵的时刻。如果说我们每个人都是自己人生剧本的编剧，那么在这趟旅程中，我们共同创造了一个精彩绝伦的片段。

5. 归来分享

从高原徒步回来后，我和孩子分享故事里大自然的奥秘：在原始森林里看到的蘑菇世界，在仙女湖看到的土拨鼠洞，并教会他使用登山杖，一家人在家乡的山里徒步，共同感受大自然的美好。

在课堂上，我和学生们分享故事里担当的力量：徒步教练敏瑜为了保证物资能顺利到达目的地，她连雨衣都顾不上穿，背上扛着几十斤的物资，胸前还挎着一个登山包，就这样在雨中行走，途中还不忘用对讲机鼓励小伙伴们坚持到底。后来，为了保证全队在天黑前能全员抵达，她提前抵达后，放下包裹，又重新返回牧场，为还在行进中的小伙伴分担行李，最终所有人都安全抵达牛棚小木屋。

在父母课堂上，我和宝妈们分享故事里陪伴的力量：当我在森林里感到恐惧，脚在雨水浸泡下冻得发麻，快没有力气再走下去时，清茶就像一个温暖的引路人，主动放慢脚步，一直陪在我的身旁。因为她的存在，我觉得充满希望，只要坚持下去，就能抵达目的地。

在朋友家的沙发上，我和她分享自己去高原徒步的缘起，如果在森林里被击中的终极问题，它们就像点亮我内心的明灯，让我更加珍惜活着的时光，哪怕在生活中经历一些困难或挫折，也要心怀感激，一步一步地，踏踏实实地向前走。

在一次次的分享中，我收到了很多宝贵的反馈。我的家人、朋友、图书馆的读者、直播间的观众、心理课上的学生，还有很多听到这个故事的人们，他们被这段真实的经历深深地触动着。

我逐渐明白，每个人在人生的不同阶段都会面临迷茫、无助和困惑，我并非唯一一个在荒原上徘徊的人，也不是唯一一个在森林中痛哭诘问人生的人。生活中的挑战就像游戏中的关卡，它们考验着我们的决心和勇气，让我们思考自己的存在和意义。

这些经历是我们成长和重新发现自我的机会，每个人都有自己独特的人生故事，每个人都会面临自己的挑战和困境。正是通过这些经历，我们才能更加深入地理解自己、他人和世界，更加珍视生命的每一个瞬间。

耕耘时间的花园

1. 播种的契机

今年是记录时间的第五年，从 2018 年 12 月 23 日起，开始践行时间记录，至今已记录了 1900 多天。回想当初，因为在写书时遇到了困难，通过朋友的介绍，有幸结识了剑飞老师。他的指导让我意识到，虽然每天都忙却常常摸不着头脑，但可以尝试一种更真实、更接地气的方式来管理时间——记录时间。于是，我开始学习时间记录的方法与技巧。通过记录每天的生活轨迹，能够更清晰地了解自己的时间分配情况，找到不必要的浪费，再调整时间结构，进而提升效率。这个习惯不仅让我更有条理地安排每一天要做的事，还让我更加专注和高效地完成工作。

践行时间记录，碰到的困难是忘记及时记录，导致漏记或需补记。这会导致整体的数据出现偏差，一开始有些懊恼，但经历的次数多了，反而释怀了，这些状况都是学习技能必经的过程。有时，看着这些空白的记录，仿佛是在提醒我，要更有意识地活在当下，去觉察自己的生活。同时，也松动了我长期以来的完美主义。人生本不完美，但可以通过不断练习来完善要做的事。

补记是我曾掉落的"坑"，补记意味着要花当下的时间去弥补过去该做的事，这会让人产生一种使用时间的错觉，同时原本当下要做的事，可能需要用未来的时间来填补，这样的行为会让我们远离当下，有一种活在过去的时间扭曲感。电影《时间旅行者的妻子》里有个设定，即便男主角可以穿越时空，但他无法改变已经过去的现实。第一遍看到这个设定，就下定决心，不再去补记时间。过去了就是过去了，你无法改变过去，但可以通过现在的调整去改变未来。

我们唯独拥有的是当下这一刻，这个理念对我的工作和专业研究也产生了影响。我不再花过多的时间聚焦来访者过去的伤痛，而是回归当下，此时此刻，我们的需求是什么，我们想要创造的正向意图是什么，我们拥有的资源有哪些，又面临哪些现实的障碍。

帮助对方看到自己回应外在境遇的方式，是逃跑、是对抗还是僵持不动，不刻意去回溯这些回应模式产生的各种原因，而是更深入地进入当下，看见此时此刻的自己，联结资源，付诸行动，从而翻转模式。

2. 成长的喜悦

时间记录给我的生活带来了全方位的改变。记得电影《心灵奇旅》里有这样一个片段，一条年轻的鱼游到一条老鱼旁边说："我要找到它们称之为海洋的东西。"老鱼说："海洋？你现在就在海洋里。"年轻的鱼说："这里吗？这是水，我想要的是海洋。"

我们每个人每天都在时间的海洋里，但有多少人能感知到时间的海洋呢。在《奇特的一生》中，主人公柳比歇夫连续 56 年做时间记录来感知时间，他是我的榜样，至今我才记录了不到五年，但已明显感觉与之前生活得不一样。

在践行时间记录前，感觉自己被时间的海水推着向前，但通过五年的训练，我知道自己有可能改变时间海洋的流向。具体在生活中的改变，有以下几个方面与你分享：

1）对交通时间会更加谨慎

平时很少开车，原因之一是费时间。从家到单位骑电动车需要 12 分钟，接孩子一趟只需要 8 分钟。在孩子择校、选择兴趣班上，交通时间是我做决策时的重要考量因素。外出时，我会更多地选择打车或使用公共交通工具；到大城市出差或旅行，我会精准计算交通时间，以减少交通时间为目标来选择交通工具，尽量避免高峰出行。出远门，我几乎从来不选需要转机的航班，除非没有直达航班；能不托运行李则不托运，一个背包能搞定最佳，因为托运及取行李都会带来额外的时间消耗。

2）对整块时间更加重视

相比较碎片化的时间，整块的时间在这个时代实属稀缺资源。蔡志忠老师曾说："将一段时间看成 1，切成两半，剩下不到 0.6。切成四段，剩下不到 1/4，把它碎尸万段，等于 0。"这也是我养成早起习惯的初衷。早上独处的时间是不易被打扰的，因为它的连续性，会让人有机会去思考一些重要的事。截至目前，我已经连续早起 300 多天，很多次惊叹人类自带的神经系统是多么强大，一旦养成早起的习惯，比如习惯 6 点起床，身体会自动在这个时间醒来，前后不会有 5 分钟的偏差。

早起最重要的不是起床时间，而是起床后你要做什么，这是可以提前规划的。大部分时候，我都用来阅读和写作。我的床头柜上放有记录本，每次醒来，如果刚好记得醒来之前的梦境，就会一五一十地将它记录下来，也不会去刻意地分析它，只是觉得它们的存在能够被记录下来，是有意义的。也许哪一天，会发现生活的答案就在这些梦境里，这是一个有趣的生活实验，等待时间去检验。

3）随时调取时间记录

时间记录，就像给自己绘制一幅可见的人生地图。有一次，需要统计过去一年请假的次数，在"时间统计"App 中输入"请假"两个字，瞬间就可以调取过去一年所有请假的信息。能在极短的时间内调出过去五年自己的生活轨迹，这是作为时间记录践行者的隐形福利，就像有五个平行空间在运行，你可以随时穿越回过去的某一天，感受在那一天那一刻，曾在你的生活中发生的事，遇见的人，到过的地方，看到的风景。

也无须担心自己会因为年龄的增长而忘记某些事情，只要时间记录足够扎实，大概率它们都会被记录下来，同时，时间记录的践行，也启发了我要有意识地慢慢建立长周期的人生管理体系。

4）脑力劳动和体力劳动无缝衔接

以前觉得自己忙但无显著成果，现在看来，是因为效率不高或精力不集中，或没有珍惜整块时间去深度工作。当开始记录时间一段时间后，你会发现改变时间结构可以提升效率，拥有更多的时间富裕感。比如，周末在家，以前会花一上午来做家务，现在把家务放在项目和项目之间来完成。有时，刚刚完成文稿修改，暂时没有精力继续修改，那么先花 20 分钟做家务，通过脑力劳动和体力劳动的切换，来达到放松的目的。而且大部分灵感都来自休息间隙，干体力活儿时放空大脑，既能让身体放松，又能提升工作效率。

5）创造家庭圆圈日

根据时间记录的数据，我发现家庭成员一周中的低谷状态通常出现在周三。因此，我家把周三晚上定为家庭圆圈日。每到周三，我和先生会提前购买各种美食，全家人一起在客厅观看电视节目或纪录片，同时敞开心扉，聊聊过去几天的学习工作状态和遇到的问题。这个日子已成为家里的重要节日，每个星期三早上，我们离开家时会互相提醒"今天是快乐星期三，记得要快乐哦"，大家都非常期待这个放松的日子，它让整个家庭关系变得更加融洽。

6）更加重视睡眠

记录一段时间后，你会对自己的睡眠时间有清晰的了解。比如，清楚自己每天平均睡多久。之前我的睡眠时间平均每天是 8 小时 40 分钟。经过一段时间的调整，尤其是工作繁忙的时候，会有意识地提高睡眠质量，尽量保证每晚睡眠时间是 1.5 小时的倍数，比如 7.5 小时。亚里士多德说：睡眠是智慧的源泉，它能够为我们提供新的思路和解决问题的能力。记录时间后，坚决不熬夜，除非在特殊的情况下，只有保证良好的睡眠质量，才能拥有充沛的精力去工作和生活，才能可持续地创造出美好的人生体验。

收获人生的果实

罗伯特·迪尔茨（Robert Dilts）是一位美国心理学家和 NLP（神经语言编程）的创始人之一。他提出了逻辑层次理论（Logical Levels），用于解释个人和组织的行为、思维和变化。该理论认为，人类的经验和行为可以在不同的层次上进行分析和理解，每个层次都有不同的影响和作用。五年的时间记录，让我在环境、行为、能力、价值观、身份和愿景六个层面都产生了深刻的改变。

1. 环境层面：家里多出 30 平方米的阅读空间

2021 年，我拆掉了书房里的榻榻米，卖掉了旧沙发，重新设计了书房和客厅，买了实木课桌、复古手拉式台灯、旋转书架和立地书柜。除了餐厅、厨房和洗手间，每个房间都可随时随地进行阅读，这在一定程度上也影响到了孩子，让他对图书也充满了热爱。有一次，我带孩子去甜品店吃东西，我这边在排队，一转身，发现他已坐在一旁的书架旁，拿起一本书津津有味地看了起来。这使我不禁感叹，人的行为会在潜移默化间受到环境的塑造和改变。

随着践行时间记录，我对环境的感知变得十分敏锐。有一次，我抱着电脑，在图书馆里的一个窗台前坐下，眼前展现出一幅迷人的景象：青翠的树木在阳光的照射下，呈现出璀璨的光影，叶子在风中轻轻摇曳，传递着一种神秘而悠远的气息。"在一个看得见风景的窗台写作"是我梦想清单里的一句话，在这一刻，竟如此轻盈地实现了，看着满眼的绿色，内心充满了感激。

我想在时间记录里创造更多美丽、流动的风景。在去年家庭圆圈日时，一家人会收看《向往的生活》，我特别喜欢它的 slogan，"我们在一起，就是向往的生活。"而今年的主题是，"我们一起走出去，就是向往的生活"。当我们有意识地主动创造想要的环境时，很多美好就会随之发生。

2. 行为层面：建立家庭数据影像库

5 年的时间记录，让我看到了它带来的力量。曾发生过这样一件事：2017 年的某一天（那时还没开始时间记录），当我得知老家即将被拆除时，便带着摄像机，沿着那条老街开启了人生第一次长达 30 多分钟的拍摄记录。从外婆家出发，到伯伯家，再到爷爷奶奶家，最后到达自己家。一路上，我用摄像机记录下了曾经熟悉的一切，我有 16 年的人生都是在这里度过的。那一天，我们一家三口在老家的街道上停留了很久，童年时那些美好的回忆就像街巷间的风穿过我的身体。

时光飞逝，转眼到了 2021 年 7 月 16 日。那天，我接到了老家社区团委书记的电话。她听老家的亲戚说，我这里保存有老街的照片和影像，老家即将建造一座文化大礼堂，需要这些珍贵的资料。这个电话再次唤起了我的记忆，我在网盘里找到了 2017 年拍摄的视频。当电脑里重新回放出视频中自己哽咽的声音时，我终于明白了记录的意义。感谢过去的自己，能够及时地记录下这段永远无法再回去的时光。同时，也为这些珍贵的影像找到了归属之地。

也因为这件事，我开始尝试拍《人生五年》家庭纪录片。就用手机拍，在孩子 5 岁的时候录制了第一期，还有即将到来的 10 岁，15 岁，20 岁，25 岁……就这样延伸下去，记载着时间长河里的一个个片段。之后，每到过年，一家人都会在妈妈家团聚，一起拍全家福，并把过去一年家人的照片整理成家庭相册，一本本地保存下来。对于我而言，它们是时间的作品，也是爱的作品。

在孩子很小的时候，我就给孩子建立了专属的文档，用来记录他的绘画作品，并邀请他用语写的方式在作品下面进行文字描述，以图文的方式将这些作品保存下来。而这些，都是因为时间记录带来的涟漪效应。

3. 能力层面：对时间更敏感、更有耐心

5 年的时间记录，我发现自己对数字的记忆力有所增强，对时间的敏感度也更高了。现在能估算完成一项任务所需的时间，比如搭一篇论文框架大约需要 15 到 20 小时，从家乡到杭州坐动车需要 1 小时 40 分钟。这些信息已深深印在我的脑海中。

当我来到一个曾到过的城市时，只需调出相应的时间记录，就能准

确估算，从火车站到目的地需要多少分钟。时间的颗粒度可以细到分钟，变得"粒粒分明"，这种训练让我在做很多事情时都能更笃定从容。此外，我的心态也变得更稳定，在过去 5 年的时间里，生活中曾遇到过大大小小的事，因为都被及时地记录了下来，所以有机会看到自己是如何经历一件事的发生、经过和顺利解决的全过程的，同时也更加坚信，问题从来不是重点，如何解决问题才是关键。

做事不着急，对自己更有耐心，这是时间记录赋予我的品质。目前，在语写和时间记录上已耕耘了 5 年，文字记录超过 1300 万字。在心理教育和咨询领域，也已耕耘了 12 年，时间越久越能感受到时间带来的沉淀。

对于未来，我仍怀揣着好奇心和梦想，在时间记录和写作方面，希望能持续至少 50 年。在漫长的时光里，期待自己能像一位勤劳的农夫，不断学习和劳作，用朴实而美好的语言，书写出更多真诚又打动人心的文字。

4. 价值观层面：健康 > 关系 > 学习

时间记录像一面明镜，它会直接照见人生的全貌。回看一年的数据，如果你增加了在锻炼身体上的时间投入，那么去医院的时间就会明显减少。所以，健康是最重要的，它不再是一句口号，而是每天 30 分钟的运动时间，是看得见摸得着的投入。

时间记录里有"陪伴家人"的分类，亲子关系和与家人的亲密关系也会在数据上折射出来。剑飞老师曾分享：

> 时间的价值在不同的年龄阶段是不同的。

它让我明白，在孩子 12 岁之前，陪伴他们的时间价值是很高的。

这个阶段是为他们培养习惯、建立自信、培养社交技能的关键期。

如果父母错过了这个阶段，等孩子长大了，不再那么需要父母的陪伴时才想起来花时间，就会事倍功半，一定要高质量地陪伴。比如睡前聊天，每个星期有固定的时间家人坐在一起聊聊天，每个季节安排一次亲子出游，与孩子共创美好时刻……这不仅是为了满足彼此的需求，更为了建立爱的联结。

> 陪伴，有时候，就是无意义地和孩子待在一起。

这句话深深地打动了我。有一天，我坐在孩子的对面，看着他和自己的蛋仔玩偶编故事、玩游戏时，觉得孩子的快乐是如此纯粹，而我们的陪伴本身，足以让他们感到安心。

在我们的人生旅程中，健康和关系无疑是至关重要的。而学习也是整个人生中不可或缺的部分。除了学习知识和技能，生活本身就是一位好老师，它不仅教会我们如何面对挫折和困难，还教会我们如何感恩和珍惜。它以丰富多样的经历和考验，塑造我们的性格和智慧，正是在生活的磨砺下，我们才得以不断成长和进步。

5. 身份层面：从不知道行不行到我可以

时间记录让我真正实现了身份上的变化，从不知道自己能不能、行不行的状态，到我相信自己可以做到、我能行的状态。从觉得自己是一个"三天打鱼，两天晒网"的不自律的人，通过 1900 多天的时间记录，发现原来我可以做到；从觉得自己是一个毅力不强，体能很弱的人，通过和语写小伙伴们高原徒步，发现原来我可以做到；从觉得自己对时间无感，经常需要在火车站、机场狂奔的人，通过 5 年的时间记录，发现原来我可以做到。

从不确定自己的写作能力，通过 5 年语写 1300 多万字，整理出书稿 8 万字，与出版社顺利签约，发现原来我可以做到；从担心自己内隐"社恐"，害怕别人评价，通过在市综合广播电视台分享心理学，在市图书馆做心理专场直播，在视频号连续读书直播 21 场，发现原来我可以做到；从胆怯不敢和牛人交流，通过 4 年的时间，带领团队采访 35 位工匠，做成精品项目荣获省级优秀团队，发现原来我可以做到。

这些都在身份层面发生了改变，实现了从我不确定到我相信的改变。身份是不断自我建构和整合的过程，就像我们沿着生命的长河前行，不断经历和体验，并将这些宝贵的片段融入我们的人生，使之变得完整。

6. 愿景层面：完成花婆婆人生第三件事

很久很久以前，有一个女孩儿叫艾莉丝，她住在海边城市。晚上，艾莉丝常常坐在爷爷的身边，听爷爷讲一些很远的地方发生的事。每次爷爷说完，艾莉丝就接着说：

> "爷爷，我长大以后，要像你一样去很远的地方旅行。当我老了，也要像你一样住在海边。"
>
> "很好，"爷爷笑着说，"但是，你一定要记得做第三件事。"
>
> "什么事？"艾莉丝问。
>
> "做一件让世界变得更美丽的事。"

孩子 3 岁时，我第一次带他共读绘本《花婆婆》，深深地被艾莉丝的人生三件事打动：1. 年轻的时候去远方旅行；2. 年老的时候住在海边；3. 做一件让世界变得更美丽的事。也许在那时，花婆婆的形象变成了一颗小小的种子，在我的心底开始萌发。

2019 年，机缘巧合下我成了讲故事的"花婆婆"，开始在图书馆担任绘本志愿者，给小朋友们讲绘本。同年，有幸去北京参加了苏珊·佩罗老师的隐喻故事工作坊，看到了在简单的绘本故事背后，竟有如此奇妙的疗愈效果。

"做一件让世界变得更美丽的事"是我的愿景，也是我这些年来一直谨记在心的做事原则。我不知道花婆婆的第三件事我什么时候会做成，但我很喜欢《人生果实》里的一句话：

风吹枯叶落，落叶生肥土，肥土丰香果，孜孜不倦，不紧不慢。

时间记录
——实现梦想，重塑生命的工具

丽娟

作者介绍

丽娟，基层法律工作者，两个宝宝的妈妈，致力于探索科学育儿与个人终身成长，时间记录践行者，语写爱好者。

我的高光时刻

2022 年 5 月 30 日开启语写练习，现日均语写 3 万字。2022 年 6 月 14 日开启时间记录，截至 2024 年 3 月 12 日，连续记录 638 天，15289 小时。由于有时间记录和语写两大工具的加持，我逐渐从一个短期主义者转变为能长期坚持做事的长期主义者。2023 年 4 月 18 日，我积极主动地在剑飞老师的直播间做专场分享，克服了心理障碍，精心准备，自己对最后演讲的效果很满意，同时得到了很多正反馈。这次经历我铭记于心，经过一年的语写训练，极大地增强了我的自信心。

做过的最大挑战

2022 年 10 月 1 日，在剑飞社群的鼓励下，我成功挑战单日语写 10 万字的极限任务。这种极限挑战的成功带给我的体验是：人生一切皆有可能。这是一种突破自我的感觉，有了第一次挑战成功的经历，后来又找合适的时间成功挑战 3 次单日语写 10 万字。被打破的极限已不再是极限，下次我会挑战单日语写 15 万字，甚至 20 万字。每一次极限的突破，就是一次能力边界的突破，极限冲刺是让能力升级的好方法。

扫描二维码
与作者一对一交流

利用时间记录实现目标

我从 2022 年 6 月 14 日开始进行时间记录，至今已一年多。开始时间记录前，我将剑飞老师的《时间记录》这本书读了两遍，了解了时间记录的方法及基本理论，真正践行时比我想象中简单许多，相信每个人都可以做到。

经过一个多月的时间记录，我感到每天的生活不再浑浑噩噩，对时间更有觉知，时间在我的掌控中，生活亦在我的掌控中，这种感觉太爽了。如今，时间记录作为一种生活方式，与我的生活已融为一体。

今年年初，我收到剑飞老师寄来的一本厚厚的纸质版时间报告，真切地被震撼到了。去年的时间都去哪儿了？时间都在这里。家人看到这本书，问我，这件事坚持下去有什么意义呢？我开始思考时间记录的意义。

在《奇特的一生》中，柳比歇夫认为：

一个人只有向自己提出远大目标时，时间统计法才能成立。

这位时间记录的鼻祖，在 28 岁时就确立了一生的目标，56 年坚持时间记录，利用这一工具进行自我管理，向目标迈进，最终取得了不小的成就。

剑飞老师鼓励我们，定一个以目前的能力一辈子都不可能达成的远大目标。我考虑了很久，一辈子的远大目标很难确定，从来没想过这个问题的人很难在短时间内找到答案。

终极目标没找到，那就先实现小目标吧。现阶段，我最想达成的目标是改善母女关系。以前，我的脾气较暴躁，对待育儿问题很焦虑，导致跟八岁的女儿之间关系紧张，这一直是我的心病，又无力改变。

有了明确的目标后，每次跟女儿发生冲突时，我都特意在时间记录中标明关键词"跟女儿该死的冲突"，并详细记录事件经过，便于后期利用关键词搜索。同时我开始观察自己的情绪及对待家人的态度。

记录的结果让我大吃一惊，我深知自己对情绪控制不好，经常对女儿发火，但没想到发生的频率如此之高，比我认为的高出四倍。如果按照这种情况发展下去，对女儿的性格会有很大影响。我一定要改变自己，记录就是改变的第一步。

时间记录和语写是绝配。我开始时间记录的同时，也开始语写，语写是绝佳的情绪稳定器。每次跟女儿发生冲突后，我就在语写里深刻反思自己的行为，深挖内在自我，看看到底是什么原因让我烦躁不安。我逐渐看到"我"的真相，一步步认识自己，接纳自己，并改变自己。

很神奇，开始语写和时间记录三个多月后，我变得平和了许多，时间记录中跟女儿的冲突次数大大减少，女儿说：妈妈变了，情绪变好了。现在家庭氛围和谐多了，随着我的改变，女儿的性格也有了变化，比以前更开心、更活泼开朗。

最好的武器已经在我手中，多么庆幸，我能遇到时间记录与语写这对王炸组合。与女儿和解，是我 2022 年最大的收获，这难道不是作为一个母亲最大的期待吗？感谢剑飞老师，研发了"语写"App和"时间统计"App，它们是值得所有人拥有的成长助推器。

坚持时间记录和语写，重塑自我。

我于 2022 年 5 月 30 日开始语写，至今已超过 550 万字。每次别人向我了解语写，得知我每天语写 1 万字，总会问，每天有这么多内容可写吗？

每个人的生活经历都很丰富，这些都可以作为写作的素材。大脑里时时刻刻有新的想法，很多灵光一现的想法值得被立刻记录下来，否则很快就会忘记，没被记录下来的灵感就被浪费掉了，语写是随时随地记录的好方式。

詹姆斯·R. 道迪博士在《走进魔法店》里写道："人生的一切美好都源于一个人对自己的了解和掌控。"我在语写里用大量的篇幅回忆过去，通过语写重新塑造了自我。

以前，我将记忆尘封起来，很少主动触碰。现在，我在语写里深挖自己，发现经常无缘由地烦躁不安、心情低落，是由于大脑里积压了很多因往事产生的郁闷情绪，对现在的我造成了影响。

根据大脑工作的原理，大脑是有记忆的，越是在意的事情，在大脑中的印记会越深，只要问题没有解决，它就会一直在大脑里游荡，时不时出来寻求关注，影响我们现在的生活。当认识到这一点后，我开始在语写里梳理过去，想到什么事就写什么事，越是不想面对的事情，越是逼自己去写。

过去的一幕幕就像电影回放，通过语写的文字清晰展现出来：我看见 5 岁的小女孩坐在外婆家的农田边玩耍，我缺席了外婆的葬礼，自责的心无法安放；还看见了学生时代的自己，很不自信，不善于社交，却期待友谊等。

这个过程就像过去重演了一遍，有时写得泪流满面，越来越了解自己，内心逐渐变得平和，慢慢地接纳了过去。通过一遍遍讲述，那段经历就被放下了，大脑默认你已经关注了它，或者你已经解决了它，不管你是否真的解决了。

著名心理学者丹尼尔·西格尔在《全脑教养法》里写道：

> 一时的回避根本不能解决问题，孩子的困惑及惊慌的情绪依然会在他的大脑里留下印记，会时不时地冒出来，在他的脑海里求关注，也就是说，会干扰他后来的生活，对他以后的生活会造成强烈的影响。
>
> 这种影响是日积月累的，当孩子以后遇到同类的事情时，会本能地回避，以及会烦躁，因为他被过去的事情所带来的情绪所干扰，并且会扰乱他现在的生活，以及会让他对日后要面对的事情不知所措。
>
> 正确的做法是帮助他复述故事，帮助他了解发生的事情并处理自己的情绪。

这本书是丹尼尔·西格尔写给孩子们的，成年人可以在语写里讲述过去，重新找回内心的平静。这是重塑自我的过程，语言是有力量的，通过语言重新塑造自己的性格，这比任何"鸡汤"都管用。大脑的容量是有限的，清扫掉负面的垃圾情绪，正能量才能进来。我每天给自己重复积极向上的语言，整个人也变得乐观起来。现在的我焦虑变少，对家人更有耐心，随之而来的是整个家庭的和谐幸福。

《走进魔法店》的作者、世界顶级脑外科专家詹姆斯·R.道迪博士认为，"人的大脑神经是可以重塑的。"我们可以通过很多方式重塑大脑，如语写、冥想等。一个人真正的成长是从向内求开始的，如果你有不如意的过去、不喜欢的性格，只要想改变，是可以改变的。日复一日地坚持语写，就可变成自己想成为的样子。

剑飞老师说，语写最大的功能是创造。我们可在语写里创造未来，通过语写的方式一遍遍地描述想要的未来的画面，尽量清晰具体。时间长了，大脑已分不清这是过去的事还是未来的事，未来变成了一种回忆。长此以往，这有助于我们聚焦目标，想尽办法让画面成为现实。

坚持语写需要时间的保障，语写社群里的千万字级的高手，也是时间记录的高手。不管每天计划写几万字，都需要预留时间，写得越多，越需要抓紧时间。顶级高手小奇每天挑战 10 万字，需要 6 个多小时，大概 30 多分钟写 1 万字，如果不争分夺秒，很难完成任务。有了时间记录，可清晰规划每天的时间，有计划地分配使用，确保按时完成当天的目标。

时间记录让我更加珍惜时间、充分利用时间。现在对我来说，1 分钟意味着语写 300 字，10 分钟可以写 3000 字，语写高手们利用一个又一个碎片化 10 分钟，写出了千万字。在《奇特的一生》中，柳比歇夫很会利用时间的"边角料"，利用碎片化时间学会了英语。

将反馈分析法用到极致

设立目标后，有时达不到目标，往往不是因为事情太难做到，而是因为忘记了目标，需要记录、跟踪目标的执行进度，每天回顾、总结，为达成目标全力以赴。时间记录可实时跟踪目标完成进度，每天早上记下"今天计划完成什么"，晚上入睡前回顾时间记录，了解"今天的任务完成情况"，这是日复盘。照此方法，进行周复盘、月复盘……紧紧围绕目标迈进，这样才不会迷失方向。目标的完成情况，还可以通过每天的语写详细记录，激励自己下次做得更好。做得不好的地方，接纳自己，及时调整心态，相信自己可以做到。

以前，每年新年伊始时，我都会制订年度计划，写下几条宏伟的年度目标，仅仅是写下来，并没有实施，一个月过后就将其完全抛到脑后，不记得目标是什么了。2023 年，我跟往年一样，也制定了目标：一、语写达到 1000 万字；二、读书 100 本；三、养成早起的好习惯；四、熟练开车。跟往年不一样的是，我持续关注目标，力争提前达成目标。

目前，语写已超过 550 万字，预计 11 月可达到 1000 万字。已读书 53 本，需要努力了，否则会完不成目标。连续早起 87 天，习惯正在逐渐养成。已经做到了熟练开车，提前达成目标。

每天记录、反馈，一点点朝着目标前行。这需要一点点意志力。当阶段性小目标达成时，享受难得的成就感，然后又有了坚持下去的动力，生活因此变得充满希望而又有乐趣。

剑飞老师经常说，目标是用来达成的，生活是用来践行的。以前，我总是制定了目标，不去行动，逐渐形成恶性循环，每次完不成目标还深深自责，归咎于自己意志力不强，对自己越来越没信心。

现在，我不再制定宏大的目标，而是制定可达成的小目标，持续达成，才是最重要的。持续达成目标，培养的是达成目标的能力。完成了一个目标，才会有信心推进下一个。我们做事情，重要的不是做了什么事，而是做事情的能力。

运用剑飞老师的成长体系，这一年，我正在培养价值百万的好习惯：早起、阅读、写作、运动等。认识到习惯的重要性，每个人是被习惯塑造的。习惯不是短期养成的，通过时间记录，很容易建立长期思维。

更加珍惜时间，主动调整时间

时间记录很重要，但这只是第一步。记录之后，通过对数据进行分析，调整时间结构，减少时间浪费，重新利用时间，做成原来做不到的事情。

我做了一年多的时间记录，不过仅仅是在记录，很少分析数据，也很少看时间报告，尽管记录本身已让我收获很大，但还可以进一步提升。通过分析，我发现餐饮时间可以调整。很多成功人士的日常进餐时间控制在 20 分钟左右。意识到这一点，我开始改正吃饭慢的习惯，尽量将一天的吃饭时间控制在 40 分钟以内，坚持一段时间后，再向 30 分钟靠近，无形之中节省了一些时间，这部分时间我调整为读书或者陪伴家人。

交通时间、生活事务时间都是我想缩减的，运动时间、睡眠时间可以增加。以前刷手机或者发呆后，我会很愧疚，觉得自己在浪费时间，现在不会了，每天两小时的休闲娱乐时间是合理的安排。当我感觉疲劳时，会主动休息。

保持长周期大范围的平衡，是我们应追求的目标。每天只要高效工作 5 小时就行了，其他的时间，需要陪伴家人、运动、社交、写作等。

人生是一场马拉松，不是短跑冲刺，保持各个维度的平衡，才能长久发力。每个时期的侧重点不一样，有段时间自己工作时间很短，想要调整一下。经过剑飞老师提醒，意识到孩子还很小，陪伴家人是现阶段最重要的事，等孩子大一些，工作时间自然会增加。

探索时间增值的密码，创造人生的不可能

大家都有这样的体会，童年时期，感觉时间特别漫长，年龄越大，感觉时间过得越快。尤其是人到中年，时光飞逝，经常感觉什么事情也没做。怎么才能抓住时间呢？

叔本华在《人生的智慧》中给出了答案：

> 在童年期，新奇感把一切事物和事件都纳入我们的意识，因此，每一天都是漫长的。我们外出旅行的时候也会遇到同样的情形，所以，在旅行中度过的一个月似乎比在家的四个月还要长。
>
> 但是，长时间习惯于同样的感知，会使我们的智力产生疲劳和迟钝，一切也就越发不留痕迹地流逝。这样，日子变得越来越没有意义，由此变得越来越短。少儿时候度过的一小时比老年时度过的一天要长。

由此可知，如果想让时间变长，必须做一些特别的事情，让其留下痕迹。对于印象深刻的事，我们能很清楚地记得发生在什么时间，比如"领结婚证的时间""第一次送孩子去上学的日期"等。我们是因为记住一件事，才记住了一段时光。

尽量多创造"第一次"，多做特别的事情，会增加时间的厚度，延长对时间的感知。挑战认为不可能做到的事情，如"第一次陪孩子露营""第一次潜水""第一次直播"等，生命如此精彩，突破限制，创造人生的种种不可能。随着限制被打破，能力边界被拓展，

曾经的第一次会变成常态，自己的眼界和认识会逐渐宽广，在一次又一次尝试中，人的能力逐渐增强。

2022 年 10 月 1 日，剑飞语写社群发起当日语写 10 万字的挑战，那天有 55 个同学完成语写超过 10 万字，社群完成总量超过 1145 万字。这个结果是惊人的，有些同学成功挑战 20 万字，有些同学甚至完成了 30 万字。

那天我也成功挑战了 10 万字，最初认为自己是语写新手，不敢参加挑战，在麦老师的鼓励下才敢尝试，结果成功了。非常惊喜，这是人生中第一次做成让我觉得如此自豪的事，国庆节长假七天，已不记得其余六天做了什么事，但我会永远记得这一天。

这是主动创造的第一次极限挑战，之前想都不敢想自己一天可以语写 10 万字。极限一旦被打破，曾经的极限就不再是极限，后来我又有 3 次成功挑战单日语写 10 万字。我以为的不可能很可能是大脑对自己的限制。

我以前经常想得太多，做得很少，做事情总是计较得失，甚至一件事情要确保百分之百有结果时才愿意开始，可生活中哪有百分之百确定会成功的事情啊？成功的背面不是失败，是无所作为，我们不惧怕老去，最怕老了回首往事，发现这一生没有认真活过。

剑飞老师学习一项新技能会不计回报地投入 300 小时，一旦开启就全力以赴，干满 300 小时后再考虑是否继续。我以前尝试做新事物，开始不到三天，就反复琢磨能否成功，能有什么收获，最后的结果都是很快放弃。

时间在坚持的过程中发生增值，我现在正从一个短期主义者慢慢变成一个长期主义者，做事情不再三分钟热度，不再期望短期内看到回报，享受长期坚持慢慢把事情做成的快乐。

做足体力活儿，人生可以规划

体力活儿，剑飞社群的小伙伴对这个词很熟悉，阅读是体力活儿，写作是体力活儿，做直播是体力活儿等，我曾认为很难做到的事大部分都是体力活儿。非常喜欢"体力活儿"这个概念，它让我感到普通人和高手之间的差距不是能力问题，是体力活儿是否做到位的问题。

时间记录→时间分析→时间结构调整→时间规划→人生规划

这是时间管理的各个阶段。时间记录的终极目标指向人生规划，我们的人生是可以规划的。

剑飞老师开发了"人生规划"App，我们可在 App 里写梦想清单，老师建议写 5000 个梦想清单，这也是一项体力活儿。把这辈子想要做的事写在梦想清单里，每天都写。不同时间，人的想法会不一样，筛选出最想做成的事，去实现梦想，让梦想照进现实，确保一直在做的事是自己想做的事。

2022 年 6 月 26 日，我参加了剑飞老师的人生规划线上课。一整天的课程，跟随老师的引导，通过语写的形式模拟百岁人生，那一堂课同学们都很感动。老师让我们每一岁写 1000 字，从现在一直写到 100 岁，很像在玩一个游戏，穿越时光隧道，我们来到了未来。

未来的画面是这样的：动作缓慢、白发苍苍的老人，眼睛看不清了，戴着放大镜阅读。我还能说话，所以每天在语写，坚持时间记录。大部分时间独处，回顾过去的一生，偶尔和老朋友聚在一起，身体越来越差，但每天散步。

这是以终为始的思想，这是向未来借智慧。去过了未来，回到现实，庆幸自己还这么年轻，我的视力还很好，能正常阅读，能读书是多么幸福的事呀！年龄大了才知道健康多么重要，现在开始要好好保养身体，要多运动。跟未来的自己聊聊天，就知道什么是最重要的了。

有的人奋斗了一辈子，依然不知道自己想要的是什么，有的人老了，才发现一直追求的东西并不是自己想要的，人生规划解决的就是这个问题。语写最大的功能是创造，创造想要的未来，所有认知的革新都在为实践做准备，我们说的所谓的觉醒，必须落实在行动上才会有成效。

最后，分享杰弗里·吉特默的《销售圣经》里的一句话：

> 成功不会凭空出现，而是源于努力工作及专注于现在，而你一直在寻找的那只狡猾的可以实现一切的指环，其实就在你的身上，就是你的潜能。

时间记录让生活有觉知、有掌控、有未来

刘丽

作者介绍

刘丽，2023 年 3 月，从五线小城市到成都的小镇女孩追梦者，从体制内转到家庭教育绘本育儿行业，真正地在成都扎根下来。截至 2023 年 8 月 30 日，连续做时间记录 452 天，10823 小时（从 2022 年 6 月 5 日开始做时间记录）；语写 463 天，共计 650 万字（从 2022 年 5 月 27 日开始语写）。

我的高光时刻

2023年7月4日至8月8日，历时36天，在26名义工的共同努力下，筹款23万元圆满完成支持藏医技能培训项目。

这是我参与的第一个公益项目，在项目运行过程中我收到了成长的礼物：我从一开始就坚定地相信目标一定能圆满完成，这很重要，在这一过程中我突破了自我，一对一地真诚介绍项目，主动请求贵人相助。这次经历让我挖掘出自身的很多内在力量，我认为所有问题都有解决方案，直接去做就好。

做过的最大挑战

在我的"时间统计"App中搜索"第一次挑战10万字"，结果是"2022年10月3日，投资时间，把假期当成完全属于自己的资产，去做让自己增值的事情"。

实践证明存在！在心中种下一颗"成功"的种子，从相信自己能做到，到通过自己的努力真正做到的过程，让人感觉特别有成就感。这种喜悦是长久的，这种成功的记忆、峰值体验，会在遇到其他问题的时候被唤醒，激励我迎难而上，从而取得更大的突破。

扫描二维码
与作者一对一交流

时间记录提升自我觉知力

1. 做时间记录之前不知不觉

做时间记录之前，周末休息的时候，我总想阅读、钻研业务知识，提高工作效率。想法很美好，现实是，一闲下来或者自己压力比较大的时候，就想靠看网络小说来解压。人的行为带有很大的随机性，甚至会失控，我熬夜看小说停不下来，经常导致自己白天的精神状态不好，周末并没有达到放松身体和"充电"的效果。当时觉得这样的生活也没有什么不好，工作日好好上班，周末看看小说，有时和朋友一起吃饭、逛街，觉得自己的生活过得还挺"小资"。

我一直认为，自己是一个爱阅读、爱学习的人，偶尔会参加读书会。我家里有 200 多本书，但自己每年到底读了几本书，其实是不清楚的。不做时间记录，仅凭感觉，没有数据做支撑，导致头脑中的想法和事实差距很大，自己却很难意识到。

做了时间记录之后，我搜索标签"阅读时间"，有 367 条阅读时间记录，累计 363 小时 08 分钟，共阅读 232 天。从 2022 年 6 月 5 日至 2023 年 8 月 30 日，共 452 天，我能清晰地知道自己的阅读出勤率约是 51%（232/452）。

理论上，时间就是生命，一秒时间用了就没有了，而钱花了，还可以赚回来。这么看来，时间比金钱要贵。但我对时间的感知，往往没有对金钱的感知强，这是因为每天早上一觉醒来，新的一天开始了，我又有了时间，而我不是每天都有钱进账，所以有时会更追逐金钱，而忽略了时间的宝贵，甚至还会产生一种错觉，认为时间每天都有，但忘记了，我活在时间之中，生命过一天就少一天。

2. 做时间记录之后后知后觉

在做时间记录之前，我花在阅读、写作等自我成长上的时间很少，而且我没有危机意识，意识不到当时的生活方式其实是失衡的。短期看不出自己和他人的差距，但 3 ~ 5 年之后就会和那些每天阅读 30 分钟、语写 1 小时的同学拉开很大的差距。

周末看小说休闲，这看似是一件很正常的事情。但细算一下，如果一天分配 2 小时的休闲娱乐时间，一周就有 14 小时的休闲娱乐时间，但有时周末一次性就消费了 20 小时（还仅是保守估计）。这就像使用信用卡，每周都透支休闲娱乐的时间额度，长此以往，会成为时间的奴隶。

我可以优化的时间安排是，明确优先级，每天先完成语写 1 万字的最低标准，先做最重要的事情，再去看小说。语写是生活的平衡剂，不管生活中发生了什么，每天都能连续不间断地语写 1 万字，做到就很有成就感了。人有一种天然的想让数据变得更好看的想法，当我连续不间断地语写 100 天以上时，就一天都不想间断了。我会想方设法地努力达成每天 1 万字的语写，这样我就能区分出事情的优先级，先语写，再看小说。特别说明，这里给想戒掉网络小说又戒不掉的人一条建议，选择做一件你认为能对你产生长久价值的事情。对我来说，语写就是一件很有价值的事，是我的无形资产。

完成语写后，再把看小说这件事分解到每天来做，把每天 2 小时的休闲娱乐时间全部拿来看小说。说实话，一开始我很难做到"到点就收"，因为很容易被小说情节吸引，总想往后看，下面到底会出现什么故事情节，看小说的时间就是这样被延长的。但可把每天 2 小时的休闲娱乐时间作为我努力的目标，先建立时间节点的意识，主动安排休闲娱乐的时间，感觉工作累了、压力大了就先休息，哪怕花 1 分钟做 3 个深呼吸都可以，不要超负荷运转。

让自己头脑中有一个意识，非周末时我已经使用了休闲娱乐时间，周末两天，应该安排学习成长的时间。这样我就不会想着周末要好好放松一下，把之前工作日没使用的休闲时间，一次性消费 20 小时来看网络小说，让自己处于失控状态了。

3. 做时间记录那一刻当知当觉

在开始做时间记录以后，我每次做看小说的时间记录的时候，事件都描述得很简略。其实在记录时间消费的时候，我知道应该去运动或者阅读，这样对自己有益。但知道和做到之间还有巨大的鸿沟，还是会忍不住想去看小说。

但可以在建立时间节点概念的基础上，设置 2 小时时长的闹钟，闹钟一响，就放下手机去做其他事情。开始时，我会关了闹铃继续看小说，就像有些人早起闹铃响了，关了再继续睡一会儿。所以后来，我就在 1 小时 30 分钟、1 小时 40 分钟、1 小时 50 分钟、2 小时分别设置闹铃提醒，一般在第 3 次闹铃响起的时候，我就会放下手机，走出看小说的这个空间，去做其他事情。

在做时间记录时，空间的转换，一般也是做时间记录的时候。点"+"这个动作，代表看小说这个时间段结束，新的一个事件开始，比如运动、生活事务等。这个"+"代表生活的一种重启，每天、每小时甚至每分钟都可以重启自己的生活。我想快速结束看小说这件事，我就点个"+"号，去做其他事情。

我只是在用理性思考，分析利弊，知道看小说不对，但控制不住自己的行为。我还没有获得那种突然觉悟，达到下定决心就是不看小说的那种境界，只是意识到想要改进、优化自己的时间，去做让自己增值的事情。

4. 重视时间报告先知先觉

时间记录是一个体系，包含记录时间→分析时间→消除时间浪费→重新安排自己的时间。2023 年 5 月 20-21 日、7 月 23 日，我参加了分别在北京和深圳举办的两次时间统计线下课。

为什么我会在两个月内学习同一门课呢？这是因为我和剑飞老师在线下见面后，自己的行动力大大增强。我也不知道为什么，就是这样神奇，而且老师自己也在成长，他的理念也在更新。

学习有时候就是花钱去听重复的知识点，然后将这些知识点融入自己的知识体系中，真正地做到了，才算学会了。剑飞老师的线下课没有课件，每一次他会根据现场小伙伴的情况，有针对性地进行交付，所以即使是同一门课，听课的人不一样，他讲的内容也会不一样，他会根据和现场学员的互动，去感知学员们的所需。

在北京的线下课上，剑飞老师说："一定要重视自己的时间报告，哪怕你每个月 1 号复制 / 粘贴、抄一遍时间报告也是有好处的。"

我把这句话听进去了，6 月我就开始重视自己的时间报告。"时间统计"App 已自动完成了分析时间这一步骤并自动统计和生成了时间报告。我发现 2023 年我的休闲娱乐时间比学习成长的时间还多，这令我警觉起来，有意识地保障阅读、写作的时间，缩短看小说的时长。我先接纳自己喜欢看小说这件事，允许自己循序渐进地缩短看小说的时长。

上完课，回到成都，为了缩短看小说的时长，去体验不同的生活，我试着做了一些不一样的事，并在时间记录里写下"第一次"，然后试着创造更多的"第一次"，给自己的生活增加体验。我开始探索成都高新区的城市资源，用脚步丈量城市，了解商业、住宅、学校、医院、酒店、公园等资源，用发展的眼光去了解一个城市的发展和规划。

时间记录数据就是我的人生剧本，如果我的剧本内容丰富多彩，那么在时间记录数据中，事件就会记录得比较精彩。通过改变生活方式来改变关键词，可以创造自己人生的新剧本。

5. 回顾过去，心怀感恩

时间统计回顾分为"年""月""随机"，点击"随机"，就像开盲盒一样，会发现原来自己生活中有这么多小确幸。看到这些记录，在自己的脑海中马上能还原当时的场景，感动也会随之而来。

如果觉得现在的生活状态还可以，是自己想要的生活，那时间记录会让你更加感恩生活。如果暂时还不满意，那直接进行调整，只说解决方案，脱离现有的一些生活琐事去思考问题，内心也就会更加坦然地接纳自己，对未来更有信心。

人是感性的，感恩自己过去所经历的事情，一切都是为我而来的，我会更加积极地去思考，我所经历的事情给我带来了什么。把注意力放在自己喜欢做、必须做的事情上，时间花在哪里，结果就在哪里。坚定地相信自己能把任何事情做成。

怎样把一件事力所能及地做到最好，达到效益最大，这是需要不断思考和刻意练习的。所以在任何情况下，我们都需要去思考，如何让自己成长，如何过好一天，如何过好一生。

时间记录提升生活掌控力

1. 确定一个大目标

在"时间统计"App 里，剑飞老师亲自带的学生的年收入写的都是 1000 万元及以上，工作时间按每年 2000 小时计算，时薪就是 5000 元 / 时。对于 2022 年年薪只有近 10 万元的我，鼓足勇气写下年收入 1000 万元的那一刻，我自己都不敢相信我这一生有能力创造这么多的财富。

我告诉自己，我只是暂时没有达到年薪千万元而已，这只需要在认知上发生改变。年薪千万元已不是剑飞老师给我定的财富目标，而是变成了融入我生命和血液的目标。我会在语写里写如何才能做到年收入 1000 万元，日均收入 3 万元，仅靠打工是很难达到目标的，做事方式及思维方式与年入 10 万元，肯定是完全不同的。

一日三省，每天早中晚，问自己，我今天做的事情价值上万元了吗？我现在可以做哪些事情，才能创造上万元的价值呢？尽量只去做能让自己产生价值的事情。

2. 极致控制交通时间

当想到自己的时间如此珍贵的时候，我会极致控制交通时间。因为交通时间的价值产出不高，而且早上在经历了人挤人的交通拥堵，到办公室后会感觉很疲惫，需要休息一段时间才能进入工作状态。所以，我在公司附近租了房，买了电动自行车，5 分钟就可以到办公室。这样，原来早上用于交通的时间，我可以用来阅读、写作，不断提高自己。

我早上起床就开工，在到办公室之前就已经阅读了 30 分钟，完成了语写 1 万字，并在语写里想好了今天要做的最重要的 3 件事情，这时我很有成就感，感觉一天都很轻松，能掌控自己。

住在公司附近，我能获得的锻炼机会也更多了。如果老板需要人做事，我能及时赶到办公室；下班后，也能很快回家陪伴家人，一家人的幸福指数提升了很多。

所以，在公司附近租房，看似是一笔消费，其实把节约的交通时间用来阅读、写作、陪伴家人所产生的价值，远远高于房租，租房变成了一项很有价值的投资。

在巨大的收益面前，成本可以忽略不计，前提是成本在可承受范围之内。要主动创造和转化收益，要做到当下花出去的钱对于自己来说不贵、不心疼。

3. 错峰就餐

一般，每个餐饮店在午餐时间都是人山人海的，我会提前 3 分钟下楼去点餐，不仅有座位，还能最先吃饭，节约排队时间。

除此之外，我会专门花时间在公司附近找一家即使在高峰就餐时间也能有座位的店。如果到了饭点，需要请客户吃便餐，来这家店不用等太久，客户的体验感也会很好，他会觉得我很靠谱，以后有需要合作的项目，多半也会想到我。

所以，功夫在平时，多去了解周边环境，周末多去逛一逛、吃一吃公司和家附近的餐饮店，会吃会玩的人，人缘也会特别好。

4. 出行选择哪种交通工具

如果去成都市区办事，出门是选择地铁、开车还是打车呢？这是由时间成本来决定的。比如，地铁需要 1 小时，票价 6 元；自己开车，导航显示需要 25 分钟，找停车位需要 5 分钟，停好车后需要走路 2 分钟才能到达目的地，自己开车总共需要 32 分钟（停车费和汽油费按 30 元计）；直接打车，需要 25 分钟，打车费约 40元。按照我的时薪 5000 元 / 时计算，地铁、开车、打车的总成本分别是 5006 元、2697 元、2123 元。

坐地铁看似很便宜，算上时间成本，实则是最贵的，因为我的时间很值钱。所以，如果我去市区办事，更多的是选择打车，把节约下来的时间拿来投资自己，这才真正创造了价值。

时间价值和金钱价值的总和，成为我生活中的决策依据。

5. 维护人际关系

"时间统计"App 客观地记录了我已经做过的事情，可释放大脑的脑容量，让大脑能专注于思考其他问题。"时间统计"App 就是个人数据库，在其中记录了第一次见面的新朋友的名字及他的基础信息。下次再见到这位朋友时，直接搜索他的名字，看看内容，在上次见面的基础上，这次见面聊天就会更深入。而因为你还记得上次聊天的细节，也会让对方感受到被重视，自然会对你有好印象。

如何把时间记录的作用发挥到极致？利用现有的资源，达到效益最大化。做时间记录的自我检验标准，就是带着觉知去思考，在未来 5 年、10 年，甚至 50 年以后，再回看时间记录时，能感受到过去的自己一直都在为未来做准备，这就是最好的状态。

时间记录让我看到可能发生的未来

1. 时间记录只对有远大目标的人才有效

有目标和没有目标是两种截然不同的人生。身处日常生活琐事中，我常常会忘记自己的目标。只有有了远大的目标，我才能评估时间应该聚焦在哪里，想要取得什么样的结果；每当意识到自己偏离了目标方向时，能够及时调整回到自己的目标上。

有了远大的目标，就像出门使用导航，只有输入了目的地，才能选择使用哪种交通工具到达。目标也是从模糊到清晰的，比如，我想去深圳，但还没想好具体去哪个地方，那我就先到深圳，先随意转一转、看一看，站在城市中最高的楼上，视野广阔，俯瞰地面的车水马龙，周边环境一目了然。看着看着，可能就会发现有喜欢待的地方，目的地也就逐渐清晰了。

如果多次去一个城市，会缩短我心里与目的地的物理距离，我心里会觉得它不远，周末去一趟就像回家一样。所以，每天回顾自己的目标，去想象自己未来会达到的种种状态，把未来当成一种回忆，每天和自己的目标产生链接，会有意想不到的收获。

我知道，过去的努力决定了我的现在，我现在做的事情决定了我的未来。我经常问自己，如果我现在做的事情，持续做 3 ~ 5 年，我会有哪些成长？想要获得成长，从现在开始，我可以做哪些事情，在未来 5 年，甚至 50 年以后，使我变得更有价值？

身体是革命的本钱，身心健康永远处于第一位。就像一台机器，自身性能好，才能高效运转，进而创造更多的价值。阅读和写作是一个人成长的压舱石。运动、阅读、写作这 3 件事情从长远来看很重要，那么，从现在开始，我的时间记录关键词或者时间标签，就应该更多地出现运动（瑜伽、跑步等）、阅读、写作。

我应该从现在就开始安排好时间配比，把运动、阅读、写作这 3 件事情当成每天最重要的事情，优先安排好时间，有意识地保护自己的成长空间。

当积累到一定量时，经由时间的淬炼，让自己成为所在领域的专家，在未来才会有成长溢出，用行动影响他人，用结果吸引他人，让他人感知到自己的成长，让自己增值。

2. 聚焦自己的目标

时间按它的节奏，一点点地给到每个人，既不会迟到，也不会提前。所以，我们只能拥有现在的时间，但这并不代表只能拥有现在。现在和过去有关，和未来也有关。

2023 年 8 月，我处于单身状态，人生阶段的侧重点是找对象。聚焦自己的目标，时间分配比重也需要相应地进行调整。梳理伴侣清单、制定有明确截止日期的目标，在目标确定的那一刻，就全力以赴地做好自己现在所能做到的事情。

每天都回顾我的伴侣目标，我花了多少时间去拓展自己的社交圈，自己每天做的事情是否以目标为导向，是否在为自己的目标努力，是否在围绕目标做事。

如何以一个更加长远的视角来看待我现在所做的事情，如果 10 年、20 年以后再来看自己的时间记录的话，是否会觉得人生没有白过。

人生所处的阶段不同，时间结构自然不同，先接纳自己，每天、每周的平衡固然重要，但是，当目光更长远时，就不会因为一时的做不到而焦虑，甚至否定自己，我需要做到的是长时间（100 年）、大周期（结婚前后、有娃前后、退休前后）的平衡。

3. 逐渐改进时间使用方式，成为时间的主人

时间报告里有"时间记录预测"项，根据过去（我已记录 13 个

月）的记录，预计接下来平均每天的时间使用情况。通过这样做能很直观地看到自己每天的时间分配情况，符合自己预期的就继续保持，如果想要调整时间结构，就在旁边写出理想的时间长度。因为每天的时间总量恒定，有些部分的时间增加了，必然有些部分的时间就会减少。

在这里温馨提醒，千万不要压缩自己的睡眠时间，健康第一，睡得好才是保证健康和精力的前提。时间结构的调整不是一蹴而就的，而且人生阶段不同，侧重点不同。以 15 分钟（大约占 1 天时间的1%）的时间颗粒度来调整，会更为合理。

如果休闲娱乐时间比学习成长时间还长，那就可以先减少 15 分钟的休闲娱乐时间，增加 15 分钟的阅读时间，循序渐进地去调整时间结构。

过好每一天，就能过好这一生，没有一个生命不想美好。根据过去的时间记录，用行为去改变数据，把每天的时间结构逐渐调整到自己当前人生阶段的理想状态，人生的幸福指数会提高很多。

2023 年 7 月 23 日，我在深圳上时间统计线下课时，剑飞老师对我说，你现在的年龄（我 1990 年出生）还控制不住地去看网络小说，与你现在的心智不符。在课上，我听到这句话，立马就把手机中所有的小说 App 都卸载了。截至当年 8 月 30 日，我没再看过一次小说，心里也没想着之前没看完的小说情节，突然觉悟，自己要彻底把看网络小说这件事放下。要用有限的时间去做让自己更值钱、更增值的事情。

4. 用时间记录提升自己的规划能力

在计划做一件事情之前，我会先预估需要花多少时间，做完事情后将其和实际所花时间进行对比。分析时间不一致的原因，是因为本身预留的时间不够，还是在做事的过程中被人为打断、专注力不够。分析出原因，下次再做类似事情的时候，就可以预留足够多的时间，或者在早起不被打扰的时间，集中精力去做事情，提质增效。

每天固定的洗漱、餐饮时间，一般相差不到 5 分钟，每天记录，自己心里会有数。比如，如果哪天餐饮时间过长，我会去回顾时间记录上的事件描述，大多数情况是边看直播边吃饭。当我意识到这一点的时候，其实是提醒我要好好吃饭，专注当下。有时候，慢即是快，认真吃完饭，再去看直播，或者找时间专注地倍速播放直播视频，也是节约时间的一种方式。

一定要做的事情，越早准备越好。截止日期是生产力，我提前 3 个月就知道要写书稿，平时会在语写里写，但不成体系，在交书稿之前感觉特别吃力。写书稿这次经历，让我意识到自己有一种思维，就是习惯在临近截止日期才开始去做一件事情，没给自己预留机动时间，但总会有一些突发状况挤占我已安排好的时间。

实践证明存在，行动是缓解焦虑的唯一办法，写书稿没有其他方法，直接去写就对了。先思考书稿框架，写哪几个部分，列出提纲，逐渐完善内容。先完成字数目标，再进行润色，书稿都是修改出来的。

当我持续地做时间记录一段时间后，我对时间的感知力更强了，真正从身和心都意识到时间就是生命，时间比金钱更有价值，从而让自己用好时间。

用文字刻画时间形状

清茶

作者介绍

清茶，某地方性金融机构高管，40 多岁时决定从五线城市到上海发展。新的环境，新的挑战，爱运动、爱生活，喜欢徒步、登山、旅行。2018 年遇到剑飞老师，实践时间统计 5 年多，共 1946天，持续 46638 小时，共完成 41422 条记录；练习语写 6 年，已完成语写 7040 万字，是单日语写 40 万字纪录保持者。

我的高光时刻

2023 年 2 月，我与 15 位语写千万字级别的高手共创的《语写高手》一书出版。语写 5 年半，带给我很多思考和收获，我把自己在语写过程中的经验浓缩成文字，让更多的人了解语写，并使用语写的方式创造属于自己的内容。

做过的最大挑战

2023 年 5 月 5 日上午 8:40 登顶人生中第一座雪山——海拔 5396 米的哈巴雪山。这是我第二次攀登哈巴雪山，第一次是在 2020 年 5 月，那次因为风雪太大，我的手套不防水，无奈在海拔 4800 米处下撤，连雪线都没有到达。2023 年 5 月我再次前往哈巴雪山，虽然冲顶当天的天气和第一次攀登时一样糟糕，风雪很大，能见度极低，但我和向导相互配合、相互支持，这次我们成功登顶。2023 年 10 月 16 日用时 3 小时 15 分登顶四姑娘山二峰（海拔 5276 米）。人生之旅如攀登雪山，无论是往上攀登到峰顶还是登顶后的下撤，都需要自己坚定地、脚踏实地地、一步一步地完成。

扫描二维码
与作者一对一交流

每次坐高铁从一个城市到另一个城市，总让我有种从一个时空穿越到另一个时空的感觉。对于空间上的位移产生的时空变化，有些人会比较敏感，这是由自身对时间和空间的关注度决定的。

2023 年是我做时间统计的第 5 年。从 2018 年开始做时间统计是因为当时我的时间完全不够用，工作几乎是我的全部。全身心投入一件事情，心里会有责任感、成就感、义务感。

总之，那时候的我，工作时像打了鸡血一样不知疲倦，只有身体知道已是强弩之末。在那个阶段，我的工作时长远远大于睡眠时长，加之身体因甲亢引起各种不适，生活似乎被按下了后退键，连最基本的散步也成为一种奢望。对于喜欢运动的我来说，改变现状的想法显得非常迫切，这时剑飞老师的时间管理课程吸引了我。时间统计帮助我刻画了属于自己的时间图谱。

从时间统计数据中了解自己

践行时间统计的初始几个月，我无法做到及时记录，总是利用睡前的 15 分钟努力回忆今天的时间是怎么度过的，可是记忆却变得非常模糊，那个被我称作巨人的自己不见了，取而代之的是一个很矮小的身影，在黑暗中摸索着向前。做时间统计 5 年后，及时记录每个场景的开始和结束已经成为一种习惯，对时间的掌控感变得更强了。

时间是人一生中最宝贵的资源，且不可再生，属稀缺资源，很多人不清楚这一点，特别是年轻人和老年人。年轻人是因为未来很远，老年人是因为过去太多。我爸经常说，他现在有的就剩时间了。对于老年人来说，生活圈子越来越小，能做的事越来越少，时间不知道怎么用，所以不计时间成本地做事成为消耗时间的一种方式。人一生都在消耗自己的时间，很多时候也是在浪费自己的时间。

一个人从出生到离开这个世界，时间贯穿始终，时间是记录生命周期的唯一线索。每个人都有自己的时间图谱，时间统计能刻画出我们一生的样子，有的人的一生是一条弧线，有的人的一生是一条直线。每一个成功人士对时间的利用都会在某个阶段达到极致，在这个阶段投入产出比会达到最高值，看起来是一个时点的爆发，但和前期长时间的积累分不开。

很多人一听要记录时间就会产生条件反射：每个时间段都要记录，太烦琐，这肯定需要花更多时间。实际从第一天开始记录时间到现在，我每天记录时间所花费的时间不会超过 15 分钟。当记录的动作成为习惯后，花费的时间会更少。原因是我们每天几乎都在做重复的事情，首次记录某个事情可能需要多些时间进行描述，此后的动作只是调取曾经的记录进行微调。

经常听身边的人说，今天好像没做什么事一天就过去了。时间本身没有痕迹，是我们给时间以确切的定义，时间才会有其特定的属性。人类文明的发展，除了定义时间，还让时间具有了特定的社会属性：晚上的时间用来睡眠，白天的时间用来学习、工作或做一些具体事务；在婴儿及青少年阶段专注学习成长；在成年后至中年阶段组建家庭、生儿育女、创造财富；在老年阶段享受天伦、让生活慢下来；在最后的阶段等待离开世界。

一天 24 小时，一年 8760 小时，一天的时间都做了什么，是一生的简版缩影。时间的使用客观地体现了一个人的行为意识和产能，有些人一天能做的事，其他人需要好几天才能做完，时间用其特有的方式诠释着人与人的不同。时间统计是了解自己的一种方式，数据客观地反映了我们的行为、效率、生活状态、身体状况、和自我的关系及和他人的关系。

了解自己，了解自己的能力。这是我们一直都在寻求的答案，也许在有限的认知中，我们可能会忽略这个问题，因为我们不清楚为什么要这样做。在大多数情况下，我们习惯待在舒适区，因为这可以让人很放松或是轻易地就能完成各项事务。这使我们在不知不觉中就放弃了挑战自我的各种可能性，成长的机会容易在这样的舒适状态中消失。如果真的能够充分地了解自己的能力，我们可能会比现在表现得更加勇敢、更加坚定、更有信心。

完整的 24 小时不间断地进行时间统计，让我看到了真实的自己。记忆并不可靠，记忆是为我们的潜意识服务的，它会投其所好地告诉你，我们多么努力，已经尽力了，可是数据告诉我们的可能是另外一种结果。

了解自己可以从了解自己的时间使用开始，时间是成就一切的必要条件。时间让一切具有可能性，意识到这一点可能需要漫长的过程，可能会付出很高的时间成本。但只要开始就不晚，因为未来的每一分钟都会被看见，虽然这些时间原本就属于你自己，看见自己的时间对于每一个人来说都举足轻重。期待此刻看到这一段文字的你接纳未来属于你的每一分钟，尽可能地去掌控并利用好它。

有效利用时间资源

时间是我们可利用的资源中最稀缺，也是最完整的资源。时间投入在哪里就会在哪里有所收获，时间资源的利用效率决定收获的多少。处于人生不同阶段的人，对时间的掌控不同，孩子的时间资源由监护人掌控，成年人的时间资源掌握在自己手中。

时间资源往往最容易被忽视，因为时间本身不产生价值，时间是创造价值的必要条件。时间资源的利用效率受多种因素的影响，有时需要较长时间才能体现，这可能会导致我们的选择和决策产生偏差，但最终还是会回归到时间的利用效率上。想要缩短这部分历练的时间，我们可以学习或观察一些成功人士的做法，看看他们是怎么做到有效利用时间的。

时间资源的产能由时间投入的长度和频率决定，能力培养和技巧训练等通过重复练习可以获得的能力，时间资源的利用效率体现得最突出。

大量阅读人物传记，可让我们了解成功人士是如何有效利用时间资源去做成一些事情的。不同的时期，不同的环境，时间资源的利用效果可能不同，但方法是相同的。有人说"时间就是金钱"，但时间比金钱宝贵得多，钱花了可以再赚，时间用掉了就永远不可能再拥有。时间对任何人都是公平的，只是每个人对时间的利用结果不同。

最近参加了几次朋友组织的财富人生沙盘活动。沙盘推演让我们脱离现有的空间，进入沙盘时空，在这里 25 分钟代表的是 5 年，人生 25 ~ 55 岁的这 30 年被分成 6 个阶段，用 150 分钟体验 30 年的经历。在人生精力最旺盛的 30 年时间里，我们会体验到什么？成功、失败、喜悦、害怕、挫折，甚至结婚生子都有。

游戏映射出每个人在现实中的处世原则和创造财富的方式。一年是 8760 小时，5 年就是 43800 小时，被压缩成 25 分钟，时间变形后，资源的利用显得更为突出。每一次决策、投资、选择都没有太多时间考虑，一些高级玩家能把时间资源用到极致，前期沟通，统一目标，执行过程高效，只用 25 分钟就能达成 150 分钟的结果。游戏虽不是人生，却给了我们很好的提示。时间资源利用得好，就可以提升产能和效率，用相对短的时间实现人生目标。

自己的时间和他人的时间都是可利用的资源，但在利用效果上往往差别很大。自己的时间可以自主安排，社会层级越高的人可自主安排的时间越少。很多人羡慕成功人士拥有很多财富，但他们付出的时间成本也很高。要想成功，先要问问自己是否愿意把所有的时间都投入在创造财富上。

使用他人的时间资源需要付出其他价值成本，有可能是时间成本也有可能是货币成本，但凡能够有效提升单位时间效率及产能，在合理的范围内付出成本都是值得的。因为时间是最贵的成本，花钱买他人的时间，相当于花钱消费他人的生命，要好好对待那些用自己的时间交换你的金钱的人，包括你的员工、交易对手、为你提供服务的人。

时间资源的使用方式有主动和被动，主动使用时间资源的时间效率相对更高，被动使用时间去做某些事，最后也能出成果，但耗费的时间相对更长，容易产生内耗。主动使用时间相对被动使用时间，降低了时间成本，从另一个角度来说，延长了时间的可利用时长。

同时使用自己和他人的时间，有可能会提高效率也有可能会降低效率，这取决于有效的沟通、反馈及果断的决策。过程中倾听对方的建议和想法，尊重不同的意见，不带评价客观地分析问题，执行时全力以赴。多靠近高效人士，观察他们做事的方法，时间的高效使用一定有原理作为支撑，试着学习并运用这些原理和方法。

需要将时间资源投入在创造价值的事情上，剑飞老师的"时间统计"App 中有这样一个功能，即输入个人的年收入（可以是真实的收入，也可以是期待的收入），系统会自动计算出每分钟的时间价值，并在每一条时间统计花费的时长后面显示等值货币，把时间价值客观显性化，让我做每一件事时都会考虑，时间是否用在了创造有价值的事情上。

充足的睡眠时间决定着身体的状态，是健康的重要保障，每天睡眠会占用 30% 左右的时间，这是在创造价值，健康是最值钱的也是无价的。人到中年，身体机能开始慢慢老化，但工作强度却相对增加，如果时间资源没有投入在保障健康的事情上，个人的时间总量一定是在缩减的。任何有损健康又需要花时间去做的事，都要拒绝。

大多数人都需要投入一定的通勤时间保障生存，且这部分时间的利用率不高。在可承受的范围内尽量缩减交通时间，会大大提升幸福感，节省下来的时间可用来做更有价值的事。要根据自己的目标去选择需要保护的时间资源。在同样的时间里，工具的匹配与结果的关联性很强，例如，我们选择去一个地点，不同的交通工具需要的时间成本差距很大。

时间资源的稀缺性决定着有很多时间需要被保护，需要对日常事务进行分类。睡眠、学习成长、阅读、写作、陪伴家人等属于创造价值较高的事情；交通、做家务、休闲娱乐等事情消耗时间较多，但创造的价值较低，需要将其控制在可控范围内；比较占用时间且可以由他人代替做的事情，尽量外包出去，以增加自己可利用的时间。懂得拒绝也是保护自己时间资源的一种方式。

时间资源的有效利用需要在时间维度上遵循要事优先原则。

在工作中或生活中，有时会出现几件事需要同时去做的情况，大部分人会用四象限分类法来划分事情的重要紧急程度，然后挑选紧急且重要的事先做。考虑到时间资源是有限的，我常常会考虑做这件事大概需要花费的时间，大部分的日常事务如果有时间统计作为基础，很快就能得到用时数据。做一件紧急且重要的事如果需要 5 小时，而做一件重要但不紧急的事只需要 2 分钟，你会选择先做哪件事？

职场中有一部分人并不追求工作效率，只想在一定的时间内把工作完成，想要成功，这样做肯定是行不通的。时间对于他们来说可能价值不高，当一个人定义自己的时间有价时，才会认真对待时间。只有认真对待时间，时间才会给出反馈。

时间的宝贵往往在没有时间的那一刻才会被意识到，无法掌控自己的全部时间，是我们必须面对的问题，明白哪些时间是自己可掌控的，再对其加以保护和利用，才能真正发挥时间的作用。

自由时间是非常宝贵的，其中隐藏着创作的可能性，应尽可能地保护好这些自由时间，并加以利用。每天让自己有 30 分钟的个人独处时间，不管做什么都可以，思考、发呆、阅读、冥想是和自己链接的好方式。自由时间的缺失会限制我们的思维，会使人像一台机器一样被时间奴役。

时间资源的有效利用有一个误区，追求短期效益。任何技能的提升，在刚开始的时候都会消耗比较多的时间。在专业领域获得一定的成果，更需要长期的时间投入。任何事没有速成大法，前期的积累是必要条件。慢即是快，有时候慢可能会动摇我们的信念，但只要坚信自己所做的是正确的事情并坚持做下去，就一定会有收获。

主动调整时间

人们总会说：实在没有办法，我没有其他选择，只能这么做。对于时间分配，我们也有很多无奈，不得不去上班，因为要生存，不得不学习，因为想要得到一份工作，不得不……因为我们别无选择。这是一个自我限制的模式，没有人能剥夺你的选择权，除非你自己放弃。对于在什么时间做什么事，怎么做也是可以选择的。

学会主动调整时间特别重要，因为主动调整时间是为了更好地分配时间。我们在没有开始投入时间之前，并不知道做哪件事情会更耗费时间。时间的使用需要坚持一个原则，时间要投入在创造价值的事上。做创造价值的事，可以分成两个维度，第一个是，什么事是创造价值的，第二个是，用什么时间做。

首先要确定做哪些事对我们来说是创造价值的，说起创造价值，很多人在第一时间想到的是创造财富，对他们来说财富等同于价值。价值的释义非常广泛，产品、服务、公司、地位、货币、关系等都属于价值。

调整时间，从某种意义上来说，是调整我们的时间结构。时间贯穿于我们人生的始终，你每一天的生活是什么样子，全部可从时间结构里体现。做任何事情都需要时间。有些时间的投入看似没有价值，但它们是必需的，是必不可少的。例如发呆、思考，它们可能没有产出实际的价值，但它们是创造的温床，很多好的创意和想法就是在这样的时间里产生的。

调整时间首先要判断哪些时间是必须要调整的，哪些时间是不需要调整的。生活中能够真正用于保证有效生活质量的时间，是需要保护好的。吃饭、睡觉、洗漱、上厕所、洗衣服，这些事务能让我们更好地体验生活本身，这些时间当然都是可以调整的。时间统计是调整的基础。5 年前，我每天洗漱大概需要 30 分钟，现在洗漱最长可能只要 15 ~ 20 分钟，这是调整后的结果。别小看这 10 分钟，一天 10 分钟，一年可省下 3650 分钟，换算成小时是 60 小时，要学会从时间里找时间。

时间的调整需要循序渐进，调整不是一次性完成的，先调整小块时间，如 5 ~ 10 分钟，再不断增长，最终达成调整目标。时间调整的长度决定着难度，调整的时间越长，调整起来就越困难。大段的时间调整会增加抗拒心理，调整应该从可接受的最小单位开始。

无论时间如何调整，是增长还是缩短，都需要制订详细的长期计划，并可在一周、一个月、一个季度的维度上进行分析和自我反馈。时间的调整取决于内在的需求。需求足够强烈，哪怕不是自主决定去调整时间的，身体也会让我们往想要调整的方向去做。例如，身体发出了警报，那么睡眠时间一定优先保证，排在最高级别。

2021 年，我的甲亢复发造成房颤，即使坐着不动，心跳每分钟也会达到 100 多次，以至于连半小时的散步都无法完成。在这种情况下，我每天 21 点左右就会感到非常疲惫，不得不睡觉，休养生息成为最重要的事情之一，睡眠时间相对就增加了，这是身体自然的调整。

调整时间有被动调整和主动调整，刚刚说到的身体发生状况，睡眠时间的变化是被动调整。被动调整一般都出现在"不得不"的状态下。尽量多做主动调整，主动调整会有正向反馈，会大大提升对时间的掌控感，对时间的主动调整应是持续的行为。

穿越时间线

时间是一分一秒按着自己的规律流逝的，没有人能够轻易穿越时间。掌握了方法才可以穿越时间线，从现在到过去，从过去到现在，从现在到未来。

穿越时间线必须具备一定的能力，也需要练习。没有练习过的人很难从现在的角度看到未来的样子，预知未来可能发生的事情。人之所以会产生恐惧心理，是对未来不确定性的恐惧、害怕。要想克服这些情绪，必须对未来某一时刻所能做的事情有真实准确的评估。未来是否能做成某件事是由现在决定的，现在做成的事是由过去决定的。穿越时间线必须具备的能力是看到未来。

未来是由现在和过去的能量构成的。时间统计数据是预测未来可能性的基础。要把这种可能性转化为确定性，需要有具体的行动。时间统计是我们了解现状的好方法之一，时间统计清晰、客观地数据化了我们的行为过程，从而可对未来有一个相对准确的预判。

时间可以成就我们，也可以让我们失败，成败取决于如何有效地利用时间。

穿越时间线的时候，我们不一定能够意识到自己已经穿越到了那个时空，需要无数次刻意练习，我们可以让自己不断地穿越现在去往未来。剑飞老师有一门课程叫人生规划，人生规划是用现在完成时的状态，在未来的某一时间节点记录下已经完成的事项、当时自己的感受，以及具体的行为和样子。这是穿越时间线的具体运用。

穿越时间线到达未来，写下已完成的结果，会对现在的状态提供强大的能量。不相信自己的人是无法去往未来的，只有对未来充满希望，才能够让自己到达未来，并在那一时刻用完成时的状态写下你的成就。

面向未来，去往未来成就自己的方式，可以让我们为内在储备大量的自驱能量。我们现在做的很多事都是可以穿越时间线的，文字可以穿越时间线，思想可以穿越时间线，文字只要写下来就可以跟随时间线的发展，穿越到未来的每一时刻，唯一能够在瞬间穿越时间线的是人的思想。

作品也可以穿越时间线，我们可以看到几百年，甚至几千年前的作品，能够感受到几千年的文明、人类的思想及情感表达。尽量多地记录，无论是以时间统计的方式还是以写作的方式，都能够帮助我们产生一系列的作品，最终一定会穿越时空去往未来的时间节点，被更多的人看到。

能够穿越时间线的东西都是有价值的。时间本身不产生价值，所有能够穿越时间线的东西都有价值，穿越时间线越长的事物，价值就越高。我们要尽量去做一些能够穿越时间线的事情，能够产生更多穿越时间线的作品的事情。

穿越时间线需要能力积累，需要对自我的评估和确认，需要具备对未来事物的分析能力。穿越时间线的能力不会随着时间的增长而增长，只会随着能力的提升而增长。年龄越小穿越时间线的能力越弱。年轻人很难想象在未来的某一时刻自己能做到什么。穿越时间线需要将时间压缩变形及做进一步的规划。有过穿越时间线的体验，才更能感受创造的价值，时间统计为穿越时间线打下了基础，看到时间的使用规律才能更好地看到未来。

目标和时间的相互作用

找到自己的使命并和时间做朋友，这是一个过程。提出远大目标，运用好时间统计和管理工具，努力行动，可以帮助我们更好地去往目的地。

时间会助力有清晰目标的人。有效的目标具有四个要素：一是可量化、可计量；二是有具体的完成时限，具体是指确切的日期和时间节点；三是具有一定的挑战难度，现在还没有能力实现，必须努力才能达成；四是目标对制定者有很大的价值，一旦完成会给其带来巨大成就或改变。

目标的重要性决定着我们的行动，有效的目标本身有很大的能量流动。目标确定后要写下来，放在自己可见的地方。落实的行动方案可能会不断调整，因为远大的目标需要一定的周期。时间资源会向目标倾斜，哪怕没有时间，时间也会自动流向目标，促使我们有所行动。

完成目标需要坚定的信念，无条件地相信自己。目标的清晰程度决定着是否可以穿越时间线去往完成目标的那一时刻。时间统计谱写生命的轨迹，有使命召唤感的人，路径清晰，时间统计就更能指引他们。

时间统计大法的创造者柳比歇夫在 28 岁那年明确了他一生的奋斗目标。面对这个目标，他给了自己 5 年的时间做准备。他一生都忠于这个目标，忠于自己的爱好和理想，而在别人看来，他的生活由于目标明确，是令人羡慕的。

明确的目标可以让我们超越时间，走在时间前面。走在时间前面是指，在确定的时间节点还没到来之前，你就很明确地知道在那个时间点会发生什么，可以预知确定的结果。把要做的事情安排在任务完成时间节点前的一段时间，在时间到来之前，你已经完成了，你就走在了时间前面。

2022 年 8 月 22 日，我给自己定了一个目标：在 2022 年 12 月 31 日前完成语写 5000 万字。那天离 12 月 31 日还有 131 天，距离 5000 万字还差约 1015 万字，平均每天必须完成约 77480 字。考虑到年终决算周期较长，持续投入时间较多，我对每日语写目标重新进行了规划，从每日完成约 77480 字提高到每日完成约 10 万字。

目标制定后，我开始充分利用所有的碎片时间和早、中、晚三个分段时间进行语写，时间在不知不觉中自然流向了语写。在 2022 年 11 月 30 日，我提前整整一个月完成了 5000 万字的语写目标，让自己走在了时间的前面。这件事让我深深地体会到了时间助力目标的作用。

每个人的时间总量是相对确定的。时间不会停留，它按照统一的节奏匀速前进，它不会因为你的停顿或者客观原因而停止。想要真正地走在时间的前面，和时间成为朋友，需要清楚时间的结构。你和朋友在一起时会关注朋友的特点、喜好、相处方式，会想更多地了解朋友，对时间也是如此，成为时间的朋友，先要了解时间。

时间统计是了解时间的过程，数据反映结果，进行分析总结，给出新的行动计划和时间安排，行动会改变数据，数据又反映出新的结果，不断修正，直到每一个行动在未来的时间维度上都有相对准确的数据，把行为的随机性变成确定性。

时间统计是最基础的一步，做起来枯燥单调，看起来似乎没有太多意义，但只要做了足够长的时间统计后，你就会对时间有感觉，这是需要长期持续坚持的行动。很多人都知道时间的宝贵，但一直都在浪费时间，把时间当作需要消磨的事物。时间对于我们来说虽然是无形的，摸不着也看不见，但它又是有迹可循的，生命中的每一件事都会消耗时间。

时间贯穿于生命的始终，无法跳跃任何一分一秒，从生命开始到生命结束。只要你在时间上发力，就可以在喜欢的重要的事情上创造更多的价值。

时间统计和语写刻画时间图谱

人终其一生追求什么？人生的意义是什么？可能很多人都思考过这些问题，这些问题没有标准答案，每个人都有自己的解答。从出生到生命的终结，我们用生命创造了属于自己的时间图谱，如果这些没有被记录，人离开后也许一切就真正终结了。没有记录的人生就像一个空心圆，从起点回到起点，闭环后消失。

记录证明存在，普通的人生也值得记录。时间统计和语写是我记录生命的两大工具，时间统计把生命连续的状态用数据客观地展现出来，让生命的每一时刻都显性化。阅读一个人的时间统计，哪怕与他没见过面，也能从时间统计上感知到记录者是什么样的人，时间统计就像骨架一样，使一个人的形象立体起来。语写，记录的是思想、感受、情绪、关系、心智、语言、灵魂，如果说时间统计是骨架，语写一定是灵魂和血肉，两者结合可以把一个抽象的人完整地刻画出来。

历史上的伟大人物、对创造历史有影响的人及成功人士，他们的一生有很多值得后人借鉴的地方。人物传记、历史大事记等是时间和事件的结合，把这些我们从未谋面的人，鲜活地展现在眼前。他们的为人处世，经历的成功、失败、挫折、喜悦、悲痛，以文字的方式穿越到现在和未来。很难想象如果没有记录，世界会变得多么贫乏。

记录是重要的，如何记录也是一门学问。时间统计将时间线上发生的事件罗列，体现时间的长度，语写记录时间的厚度，时间统计和语写是帮助我们刻画时间图谱的最好方式之一。

苏联昆虫学家、哲学家、数学家亚历山大·亚历山德罗维奇·柳比歇夫，从 26 岁起用他的时间统计大法记录了 56 年的时间，一天也没有间断过。最主要的是，在长达 56 年的时间统计、总结和实践中，他日益精进，年度的规划和实际使用时间的误差只有 1%，这使得一切看起来都是那么确定，他可以精确地规划下一年度的生活和工作。

56 年的记录和总结呈现出奇特的人生，记录证明存在，看起来很枯燥的记录却那么规律地展示了一个人的毕生成就。难以置信的是，在最后几十年，他的工作精力和思维效率有增无减，他生前写了 70 多部学术著作，各种论文和专著达 12500 页以上。

格拉宁评价柳比歇夫：

> 他的时间好像是物质，不会无影无踪地消逝不见，不会消亡；它变成了什么，总能查得出来。由于做了统计，他获得了时间。这是最实在的收获。

时间统计从时间维度上还原了每一个场景，记录的详略程度决定了后期分析、反馈、调整、规划的准确度。时间统计和语写无论从什么时候开始都可以，开始后就不要停止。也许在若干年后，这些记录会成为平民历史的研究资料，这是记录生命的意义，也是参与历史的过程，把自己活成一道长长的弧线，随着世界的改变在未来依然能够呈现我们现在的样子，给这个世界留下我们的痕迹。

时间记录，找到自己的节奏

任桓毅

作者介绍

任桓毅，睿为®学堂创始人。英国杜伦大学市场营销硕士，《语写高手》合著作者，曾任多家本土/跨国快速消费品公司品牌/产品/市场负责人。10 年品牌人，10 年跑步爱好者，事业与家庭平衡倡导与实践者。

践行时间记录超 1300 天；语写 3 年，超 3000 万字。在践行之初就将语写和时间记录与个人成长相结合，助力生活和事业发展。2022 年创立睿为®学堂，致力于通过提供陪伴式学习服务，帮助提升个人底层能力，助力 1000 万人成长，活出渴望的生命状态。

我的高光时刻

从小体弱多病、1km 都跑不完的我，2013 年开始为了健康而跑步。从最初的气喘吁吁，从 1km、5km、21.0975km 到 2016 年完成了 42.195km 的全程马拉松。10 年来，我累计跑了 1 万多千米，完成了 10 场全程马拉松比赛；近 40 岁的身体比 20 多岁时还健康。最开心的是，妻儿也加入跑步行列，身边的朋友也加入跑步行列，一起享受运动带来的欢乐。从不断挑战自我，到用行动影响家人和朋友，这是我人生中最难忘的高光时刻。

做过的最大挑战

在生活和事业高峰时，我仍感到迷茫和彷徨。一次偶然的生涯咨询，启发我开始反思自己到底想要什么。我在语写中捕捉到"我想从 0 到 1 创立一个品牌"的想法，这成为我走出迷茫的动力，但也伴随着对未知的恐惧和犹豫。当我向剑飞老师诉说自己还没到位的能力时，他反问我："要先有能力再去做，还是在做的过程中培养能力？"我坚定信念，遵循内心，跨领域创立了睿为®学堂。

扫描二维码
与作者一对一交流

时间记录，重新认识自己

许多追求卓越的人都会关注时间管理，我也不例外。我曾看过各类时间管理书籍，用过多种时间管理工具，但依然无法做好时间管理。原因是什么呢？直到 2021 年我接触到剑飞老师的时间记录体系才恍然大悟：时间管理的关键，不在于管理时间，而在于管理自己。只有认识自己，才能进行自我管理。

人的行为是随机的。时间记录就是一套工具和方法，帮助我洞察自己的时间使用情况。正如德鲁克在《卓有成效的管理者》一书中说："要想管理好自己的时间，首先要知道自己的时间实际上花到哪里去了。"

剑飞老师在《时间记录》一书中说：

> 时间记录的意义在于了解自己、认识自己。有了时间记录之后，至少知道自己的能力边界在哪里；有了时间记录之后，能够知道自己的生活作息以及日常习惯，从而不会过度消耗自己的时间，或者做一些违反自己本能意愿的事情……

时间记录就像一面无瑕的镜子，让我清晰地看见自己的时间流向、工作和生活习惯。我找到了工作和生活的节奏，也发现了与时间共舞的智慧。时间记录只是第一步，随后还有分析、规划等。在这条成长的道路上，我不断认识时间、认识自己。

每天 10 分钟，找到计划的节奏

人的行为是随机的，如果我们不安排时间，就会被时间安排。你是否也面临这样的困扰？在工作中需要应对无休止的会议、杂事和应酬，感到应接不暇。即使在闲暇时间，也在无法自制地刷着手机、看着视频，一次次让时间溜走。我们好像已经失去了对时间的主导权，任其摆布。

未记录时间前，我常在疲惫或闲暇时放弃计划，任时间溜走。翻开久不查看的待办事项清单，会发现原来还有那么多事情未完成，然而时间已经来不及了，只能把它们留到以后，一天天过去，被时间推着往前走。

我也曾自律地写下每天要做的三件要事，按重要性排序，但通常无法按计划进行。多数情况是，计划太多，能做到的太少，反而让自己焦虑；久而久之，我开始觉得制订计划是在做无用功，索性放任自己随心所欲地去生活。计划的节奏一直找不准，生活在"计划－达不到－不做计划－焦虑－计划"的循环中不断徘徊。

直到用上了"时间记录"App，并且持续一段时间之后，这种状态才得以缓解，并越来越顺畅。结合时间记录，我调整了做计划的方式，加入了反馈环节。在每天早上第一时间写三要事计划时，加上评估时间。并且，在每天晚上做日总结的时候，评估预估时间和使用时间之间的差距。日积月累，找到了自己做事的能力边界。

对新的工作任务，在做计划的时候暂不预估时间，先测试要用多久。下一次，就知道要预留多长时间做这件事了。经常做的工作／学习任务，能比较准确地评估用时，所以预留出相应的时间就好。在当天，还会预留出 2 小时的空白时间，用来应对随机的情况，或补充完成其他计划的事情。

比如，语写 1 万字，最差情况下的用时是 40 分钟；阅读，半小时大概看 30 页。最初，写一篇 1000 字的公众号文章并排版发布，要用 3 ～ 4 小时。做 1 场 1 小时的直播，从准备到完成，再到看数据复盘也要用 3 ～ 4 小时。碰到新的任务，无法评估，不纠结，直接去做一次，测试用时……

通过这样安排，就找到了时间的掌控感。最重要的是，通过做时间记录，在计划和实际之间建立了客观的反馈机制。"数据反映行为，行为改变数据。"剑飞老师这句话，践行之后更有感觉和共鸣。

以前我做不了太长远的计划，在知道自己的能力边界之后，慢慢地，我能较准确地做出 3 天计划、周计划、月计划并评估时间。对于时间周期相对较长的项目，我也能较为准确地预估时间，安排好时间及推进节奏。

巨大的改变，从每天 10 分钟的时间记录开启。通过时间记录，我客观地看到了时间使用数据，看到了自己的时间流向。这很像照镜子，让我认识自己，认识自己的能力边界，我的时间感更强了。认清能力边界，就找到了计划的节奏。

时间记录，找到睡眠的节奏

睡眠，对于一个人的精神状态极其重要。睡眠质量，直接影响一个人的专注度及做事的效率。你是否曾一度认为自己的睡眠质量不好？

曾经，我认为自己是一个睡眠极其不好的人。从学生时代开始，时间长达 30 多年，常常觉得即使睡了，睡醒之后也像没睡一样疲惫。这种感觉困扰我多年，我一直在寻找方法改善睡眠，但效果都不理想。

在我的记忆中，我仅有两个时期睡眠还不错。第一个时期是2013年刚开始跑步的时候，可能是因为增加了运动，感觉睡眠好了很多，整个人也精神了。第二个时期是2021年刚开始语写的时候，大脑的思绪倾泻而出，整个大脑感觉被清空了。这种感觉太爽了，没有了思绪的环绕，晚上睡得特别好，早上起来也感觉特别轻松。

然而，这种感觉没持续多久。我还尝试过冥想、做睡前准备、吃中药调理等，都没能彻底好转。到最后，只能告诉自己："不管它了，该干什么干什么去吧。"就这样，又过了很长一段时间。

一直以来，都是凭"感觉"。然而，大脑的记忆是不可信的，长达30多年的误解，到了做时间记录之后才解除。数据告诉我，"总是"代表的真实具体的次数和时间，还有具体的睡眠质量情况。偶然，我看到了《睡眠革命》这本书，里面提到了一些睡眠的原理及影响睡眠的关键因素。我开始根据书中讲的关键因素，追踪、分析我的睡眠情况。在"时间统计"App里记录下我的实际睡眠时长、自然醒/闹钟醒的比例、深睡时长、起床后的精神状态（用数字打分表示）、前一天喝了多少咖啡等，把影响睡眠的因素都记录下来，最终改善了睡眠状况，做到了让自己白天有一个良好的精神状态。

以下是我在"时间统计"App中某天的睡眠记录：

【时间日期】2023 年 -08-xx 周 x

2023-08-xx 22:41:33 ～ 2023-08-xx 05:14:16

【持续时间】06:32:43

【事件描述】10 点早睡 5 点自然醒，晚上睡觉，深圳，xx 区，（xx 小区），xx 室，主卧，平均心率 57，深睡眠 1 小时 4 分，占 17%，起床精神值 5，5 点 07 分自然醒，4 个睡眠周期，6 小时，实际睡眠 6 小时 15 分，晨脉 58，清晨 HRV95，体重 135.8 斤，黄金 90 分钟 0，昨天早上喝了 1 杯咖啡，三顿半 3g，白天小睡 2 次

【时间标签】12. 睡眠时间

—— Harry 任桓毅，数据来自"时间统计"App

我发现，原来在身体正常的情况下，4 点 45 左右就会自然醒；也有起床精神值 5 分或 8 分的情况（起床精神值我用 0/3/5/8/10 来表示，0 最差，10 最好）；也有深睡眠 2 小时，甚至是 4 小时的时候。睡眠的时长和精神状态的好坏没有必然联系，我一直以为对我没多大作用的咖啡其实对睡眠的影响最大……

我通过时间记录找出规律，制定了一些睡眠策略，让睡眠问题慢慢得到改善：

· 尽量睡到自然醒，感受身体需要。
· 保证每周至少 3 天 10:30pm 前入睡。
· 尽量睡够 5 个睡眠周期（7.5 小时），尽量做到不连续 3 天少于 5 个睡眠周期。
· 睡前半小时进行睡眠准备，逐渐让身体和大脑进入睡眠状态。
· 睡前不碰手机，阅读 15 分钟纸质书。
· 尽可能每天仅喝 1 杯咖啡。
· 尽可能白天小睡 2 次，每次 20 分钟以内，代替咖啡提神：早上、中午时候各一次，特别是晚上睡眠不足或睡眠质量不高的

时候。

时间记录，让我找到了睡眠的节奏。睡眠只是一个例子，在其他方面也类似，都可以通过记录、分析时间，找到提高状态的方式。

时间记录，找到工作的节奏

善用时间，提高效率，是我们大部分人都力图达到的目标。刚开始创业时，我也极力追求"时间的每一分每一秒"，结果往往事与愿违，反而陷入了"时间的陷阱"。后来，我利用"时间记录"App这一利器，把工作安排得井井有条。

在创业初期，我想方设法提升工作效率，但在各个方面都"鸡飞狗跳"。在知识付费这个全新的领域，需要写作、直播、运营、管理等，我都想亲力亲为，做到样样精通。渐渐地，我发现自己对很多技能确实不在行，比如写作和直播。

一开始我非常焦虑，觉得白白浪费了那么多时间，却没做好任何一件事。经过反思，我意识到，根本原因在于对自身能力的误判。从企业管理者变成创业者，许多基础技能都需要从零开始学习，这需要时间的积累。光凭一时兴起是不行的，我需要给自己预留合理的时间学习，并反复地练习。

我开始记录自己做每件事、每个工作项目的用时，然后坚持不懈地投入时间练习。重要的是先形成输出的习惯，不追求一蹴而就；经过一段时间的刻意练习，相关技能有所提高。以直播为例，2022年4月，我在一次跑步的时候想到我可以做直播来宣传、获客。想干就干，在没有直播架，只有一部手机的情况下，我拿着手机，从家里搬了一个装东西的铁架子到小区楼顶就开始直播，我现在还清晰地记得第一次直播时候的样子。

一开始我只把它看作锻炼，没有想着立刻就能让其为业务做贡献，心态还是很平和的。但是经过 3 个月，做了上百场直播之后，没有达到预期效果，我就对自己产生了严重的批判：我不擅长做直播，专业的事应该让专业人士做。我白白地浪费了那么多时间……

但看到内向的剑飞老师，去年（2022 年）做了 1000 场直播，还由直播的内容衍生出多本时间系列的图书，这让我倍受鼓舞。2023 年 5 月，我重新开播，并记录下我做一场 1 小时的直播需要的时间及取得的效果。慢慢地，我发现效率越来越高，数据越来越好，也找到了适合自己和擅长的方式来做直播。现在，直播已经成为公司业务不可或缺的一部分。

通过时间记录我发现，我的精力有限，不能同时做那么多件事，于是我就把公司业务活动聚焦在有限的几个业务上。在知识付费领域，针对所需的各项能力，我聚焦重点，逐个突破：先做透直播，然后再延伸到短视频、公众号、写书等动作上。2023 年 2 月，在剑飞老师的指导下，我和一起语写的一些同学合著了《语写高手》一书，仅上市 1 个月销售量就突破了 10000 册。

经过这样的历程，我总结出几条工作节奏上的时间准则：

· 长期稳定有节奏地工作，而不是短期冲刺再花长时间恢复。工作日工作和学习的总时间以 10 小时为佳，每周工作 6 天，剩下的 1 天作为家庭日陪伴家人。

· 时间颗粒度调整为 15 分钟，用 15 分钟作为基本单位来安排和使用时间。

· 工作和休息相结合：每工作 1.5 小时，休息 15 分钟；让自己的
注意力持续在线。

· 早上思考或写作比晚上更高效，早上大脑更灵活、反应更快，也
不影响晚上早睡。

· 疲劳来临之前先休息。等到疲劳来临时，就已经晚了，往往需
要较长时间恢复。

· 悦纳自己身体的需要，感觉需要休息时，睡眠是更高效的形式。
不能强顶着疲劳工作，这样不能长久：晚上早睡（21 点左右入
睡）恢复比早上补觉更有效果。白天累了时小睡 20 分钟，是特
别好的恢复形式。

· 不过度休闲娱乐，也不完全禁止：每天预留出 30 分钟到 1 小时
的休闲娱乐时间，让大脑得以恢复。遇到停不下来的情况时，比
如刷短视频，把刷短视频的入口关掉是最佳选择。如果已经刷上
了，设置闹钟，15 分钟后停止。

· 恢复的方式以小睡、冥想为主。实在疲劳时，在时间允许的情
况下看一场想看的电影或补觉 1 ～ 2 个睡眠周期（约 2 ～ 3 小
时）。

当然，以上准则更适合我个人，每个人可以根据自己的时间记录的
客观数据和时间节奏，制定自己的时间准则。

我们不能管理时间，但我们能管理好自己。利用时间数据的反馈，
我认识了自己的能力边界，工作时间得以合理安排。给自己设定边
界和准则，专注做好每一件事。通过对记录的时间数据进行分析，
我逐渐找到了属于自己的工作节奏。我相信，在时间记录中，每个
人都能找到自己的作息节奏。

时间记录，找到平衡的节奏

我们都渴望实现工作、家庭、健康、成长等各领域的平衡，但这常常很难做到。在没有记录时间使用情况之前，我的生活相对混乱，经常陷入两难。为赶工作进度，我会连续几天加班到深夜，次日还要继续工作，身心极度疲惫；为了赶上孩子的活动，不错过他的成长时刻，我会经常抛开工作给予陪伴；为了参加周末的马拉松比赛，我会花时间训练备赛，也会到各地参加比赛，因此错过周末的家庭陪伴，也会因赛后恢复身体，不能集中精力应对工作。

如此反复，我的生活陷入一种失衡的困境，而我又比较贪心，经常是既要，又要，还要，更要……创业之后，时间自由了，但失衡的矛盾反而更突出，变成了"自由焦虑"。

开始记录时间的使用后，我发现工作和生活的各个维度可以步调分明。在剑飞老师的时间记录体系中，设置了 7 大主要标签维度，共16 个标签。哪个维度的缺失，都可以清晰看到。在 1300 多天的时间记录和分析后，我意识到，平衡来自对长时间跨度的调控，而不是依靠某一天的短时冲刺。我们常常高估了 1 天能做的事情，却又低估了 10 年能拿到的成果。

我结合剑飞老师的时间记录体系和我自己的生活规律，制定了一些最低生活准则，并在时间记录中记录、反馈、分析，验证了其效果。

在工作上，保证日平均 6 小时的工作时间（参考《奇特的一生》一书中柳比歇夫的日均工作时间 5 小时 29 分），避免通宵达旦冲刺项目；采取工作 1.5 小时后短暂休息 15 分钟的工作节奏，既可保证效率，让注意力在线，也可避免过度劳累，有节奏地推进工作项目……

在家庭上，设置隔天陪伴 1 小时的准则；每月至少 2 次家庭日，陪伴孩子和妻子，增进家庭关系；协调时间参与孩子的重要成长活动，不错过孩子成长的重要时刻……

在健康上，每周固定 2 ~ 3 次、每次 1 小时左右的跑步或健身，保持身体的活力；周末进行 2 小时的长时间有氧运动，增强体能。尽量把运动和家庭日结合，带孩子和家人一起进行爬山、徒步等户外运动……

在学习上，保证每天语写 2 万字，阅读 30 分钟，持续做时间记录……

此外，我还注意健康饮食、社交等领域。遵循这些准则后，我终于找到了平衡。现在，我的生活有条不紊，工作、家庭、健康、学习、娱乐、社交等领域都得到了很好的兼顾。当偶尔出现失衡时，我也能依靠时间记录发现问题并及时调整，重新回到平衡点。

在短周期内，我们很难做到平衡。但在长周期、大范围内，是能做到的。时间记录让我们看清生活状态，调整步调，在长周期、大范围内实现工作、家庭、健康各方面的平衡。找到属于自己的节奏，然后稳步前行，这是时间记录带来的恩惠。衷心希望每个人都能从中受益，找到工作和生活的平衡。

与时间共舞

通过时间记录，我逐渐找到了自己的时间节奏，它改变了我的生命状态。我把这些发现与你分享，或许它也能帮助你找到生活的节拍，与时间共舞。

1. 以目标为力

《奇特的一生》中的柳比歇夫，在 28 岁时就确立了为之奋斗一生的目标：创立生物自然分类法。他连续 56 年持续不断地记录时间。他很早就意识到，达成此目标需要消耗大量的时间，所以他不断地从生活中挖掘时间。他不浪费时间，不会让自己过度消耗时间，他从容不迫地获取成果，让我们羡慕，也让我们敬佩。

《奇特的一生》一书中描述柳比歇夫在 28 岁时写道："这项工作（创立生物自然分类法）在数学上看起来困难极大……我起码要过 5 年，等数学基础打好一些，到那个时候才能着手完成这项主要任务……我立志写一部数学生物学著作；一切企图把数学运用于生物学的尝试，都将包容于这部书中。"

远大的目标，是调动时间的力量。柳比歇夫不断拆解目标，不断记录、挖掘时间，把时间的使用聚焦到他的远大目标上，他用 56 年的实践及一生所获得的成果证明了这一点。

2. 以时间为镜

持续记录时间，所得的数据就会像一面镜子一样，把我们在工作和生活各个维度的时间花销客观真实地反映出来。可以回顾、分析、检验我们是否在为目标积累、是否在朝理想的生活状态前行。检查、回顾、分析以天 / 周 / 月 / 年进行能取得更好的效果。

每日进行检查和分析。每天用少于 15 分钟的时间，在中午、傍晚和睡前进行快速检查，这有助于我们快速得到时间使用反馈，为向目标前行护航，适时干预纠偏。在每天晚上或第二天早上进行当天的时间诊断，比如，可以问自己 3 个问题（改编自《卓有成效的管理者》）：

- 有没有根本不需要做、不产生任何成果、纯属浪费时间的事?

- 有哪些事情,是别人可以做好,甚至做得更好,我可以授权出去的?

- 有没有浪费别人的时间,而这些时间是我可以控制消除的?

每周进行周回顾。检查分析各时间维度的结构,是否匹配理想的时间结构,是否平衡,偶尔的失衡是否正常,是否匹配当下阶段的需要。以周为单位,它既包含了大部分的时间维度,也代表了生活中完整的基本单元,包含工作日、晚上和周末。它的视角够近,与"现在"不远的每一天相连;它的视角又够远,能在更大的范围内涵盖更多的时间维度。以周为单位进行回顾和计划,能帮助我们做到平衡。我喜欢在周日上午或者周一上午,进行一周回顾和计划,时间以 1 个小时之内为佳。

有些事情是适合每天都做形成习惯的,比如,语写、阅读、时间记录等。有些事情是适合以周为单位选择某几天规律性地做,或者按照次数完成的,比如运动,我每周跑步 3 次,按照周一、周三、周六的规律进行,也可以灵活调整,保证 3 次即可。每周的回顾,会检查当周的运动时间和次数是否匹配计划,确保在健康维度上投入足够的时间。

有些事情以周为单位是很难平衡的,这时候,可以把时间拉长一点儿,在一个更长的周期、更大的范围内,以月、年为单位或者以更长的时间周期进行。比如,在家庭生活维度上,在繁忙的工作之余,有时不能做到每周进行家庭日活动,我就会把每月 2 次作为一个准则来遵循;家庭的长途旅行,以每年 1 次,每次 7 ~ 10 天作为准则。在社会交际中，我会每年 1 次参与到给大学校友定制日程本的公益事业中，助力校友提升时间价值。

还可以制定月度、年度的回顾报告，制订下一个时间阶段的计划。每天做简单的检查，每周做适度的回顾。每月、每年做详细的时间报告回顾和规划。《奇特的一生》中的柳比歇夫，"每月小结要耗费 1.5 小时到 3 小时…… 再加上制订下个月的计划用 1 小时，合计是 2.5 小时到 4 小时…… 年度总结耗费的时间要多一些，大概十七八个小时，也就是要花几天的工夫"。

我们经常会觉得时间不知不觉地就溜走了，特别是在更长周期的范围内，不知道时间是怎么过的，或者知道，但不想去回顾那长长的内耗时间、休闲娱乐时间。也许逃避是一种"聪明"的方法，不用花时间，也不用去面对。

但如果想让时间增值，回顾是一种有效的方法。柳比歇夫甚至还会把自己的年度总结寄给朋友们，从他的报告里能感觉到他向某个对象做汇报的意愿。这样的态度和做法，值得倡导和学习。

以时间为镜，可让我们抓住没有觉察到的、损失掉的、不知去向的时间。

3. 以原则为尺

与时间共舞，既要遵循一定的原则，也要懂得放松舒展。原则帮助我们提高时间使用效率，找到节奏；放松让舞姿自然流畅。在与时间共舞的过程中，许多重要的时间原则 / 理念指引过我，遵循这些原则，更容易在时间流中判断方向，不至于迷失在琐碎之中。它们成为我衡量时间价值的尺子，让时间使用更高效。

时间记录、各时间维度上的原则，构成了我自用的时间管理体系。

以下罗列我最受用的 10 条原则：

（1）要事第一。面对多样事务，如何确定优先级？我时常自问：
     "如果只能做一件事，该选择做什么？"这样可以简化思
     考，抓住最重要的事情先做。

（2）力所能及地做到极致。把有限的时间和精力投入在当前最重
     要的事情上，在自己的能力范围内将其做到最好。

（3）稳定，是高手的特质。一次的得失不代表什么，只有稳定的
     专业素养和作息才是关键。

（4）长周期、大范围的平衡。工作与生活的平衡需要以更长周期
     来达成，我们常常高估 1 天能做的事，而低估 10 年能取得
     的成果。

（5）做好时间保护。时间花在哪里，哪里就有产出。

（6）设置最低生活原则。为重要事项设置一个周期内最低要完成
     的标准，并确保它一定能被完成。

（7）接纳客观的事实，只改进不批判。减少抵触情绪，只改进不
     批判，内耗时间就少了。

（8）行百里者半九十。到截止时间一半时要完成目标的 90%，而
     不仅是 50%，应对未知风险，享受时间富裕感。

（9）不说问题，只说解决方案。遇到问题直接找解决方案，减少
     内耗，提高效率。

（10）保证睡眠时间，每天 8 个小时左右。充足的睡眠是健康和
      专注高效的关键。

以目标为力，以时间为镜，以原则为尺，尽情与时间共舞，让自己
的工作和生活更为高效、平衡、从容，在有限的时间内发挥无限的
可能。

《奇特的一生》一书的主人公柳比歇夫，可谓是时间统计法的鼻祖。畅销书作家李笑来老师，受到启发，践行时间统计，并写下《把时间当作朋友》一书。剑飞老师，受到启发，同样在践行时间统计。为了更极致、更高效地践行，剑飞老师开发了"时间统计"App，自创了时间记录体系，写下时间系列图书《时间记录》《时间增值》《时间价值》《时间作品》《时间复利》，剑飞老师说："未来还有更多，我要把时间写透。"他在书中对更多的时间原则做了详细阐述，这些不仅是时间的原则，更是我们成长的原则，值得细品。持续践行，让我们的时间更有价值。

最后，引用一段关于时间的佚名小诗——《走在自己的时区里》。愿我们在自己的时区里找到属于自己的时间节奏，创造价值，活出自己渴望的生命状态：

众星时代中
万里挑一的你终将散发光芒
所以放轻松
你没有落后，没有领先
在命运之轮中
属于自己的时区里
一切都准时到来

时间记录，我成长路上的好朋友

钟晖

作者介绍

钟晖，世界五百强 HRD，从 40 多岁开始寻找可以长期坚持做的事情。从 2022 年 6 月 8 日开始做时间记录，将时间记录和语音写作作为自己每天必做的事情。到目前为止，时间记录 460 天，语音写作 500 天。

通过 1 年零 3 个月的时间记录，已对自己的人生目标越来越清晰。开始用心对待时间的规划和使用。由于善于使用时间，所设定的目标一个个实现，由此走上自律而幸福的人生之路。

我的高光时刻

2023 年 5 月参加演说大师班课程，教练的要求是一年内完成 10 场演讲课程的授课。为了提前达成目标，我对自己的时间进行了优化和调整，在 2 个月内完成了 10 场授课。教练为此特别为我发了朋友圈，并且自豪地对外宣称：我是他带大师班有史以来最快完成 10 场授课的学员，教练还特邀我为学弟学妹们分享经验。能够取得这么好的成绩，源于我"善用时间"以及践行"想做就立即去做"的理念。

做过的最大挑战

作为繁忙的职场管理者、两个宝宝的妈妈，除了上班和陪孩子，其他任务也特别多：每天语写 1 万字，每周二、五读书会各 2 小时，每天为学员点评反馈 30 分钟，每天跑步 30 分钟等。最初给自己设定的目标是 2 年内拿到演讲教练认证。为了挑战极限，我告诉自己：要在 1 年内认证为演讲教练。我得到了很多贵人的帮助，但我最感谢的还是自己。在时间记录的加持下，用 8 个月的时间成功认证为演讲教练。

扫描二维码
与作者一对一交流

"时间记录"之我见

1. 我与"时间记录"的缘分

时间记录于我而言到底是什么呢？

2022 年 6 月初，我参加了剑飞老师的时间记录私教服务。这是我参加语音写作私教服务 20 多天后做的一个重要决定。刚参加语写私教那段时间，剑飞老师每天早上 6 点 30 分准时直播，不仅他自己直播，社群里一些厉害的人也会参与直播。在耳濡目染中，我渐渐地对时间记录产生了兴趣。

我印象最深的是两位"大牛"的分享，一位是小奇。她对语写十多分钟的文字进行编辑，半小时便能完成一篇公众号文章，效率极高。还有一位是奎大人，妥妥的"速度控"。1 分钟语音写作 450字，在直播间控时的能力非常强。30 分钟的直播，从头到尾，不长不短，游刃有余，控时刚刚好。后来我才了解到，这两位都是时间记录私教会员，已经做时间记录 4 年有余。

我从加入会员到现在已经有 1 年多的时间了。在做时间记录这段时间中，我经历了兴奋期和倦怠期。刚开始的时候，我特别喜欢记录，记录让我感觉自己的后半生从此有了意义。通过记录，我对自己的生活轨迹和经历更加清晰了。比如，什么时间起床、睡觉、工作、下班、娱乐；花了多少时间陪伴孩子，参加家长会；什么时候出差、旅游，我都有记录可查寻。在如今工作节奏飞快的年代，人们很容易忘事，做了时间记录以后，便不容易忘记了。

2. 让"没用"的时间记录变得"有用"

不是每个人都能将自己的时间记录好，也并非每次在完成某件事后都能及时记录，有时我也会忘了做记录。当时间记录上面留下空白时段时，我特别焦虑。情急之下，只好将空白的时间段选为"刷屏、刷朋友圈"。当然，这样做是不对的。

反思自己的行为，我认为自己应该把时间记录做得更准确一些。若只是随便记录，这样的时间记录有什么意义呢？既然没意义，为何要记录呢？时间记录并非只是将用过的时间记录下来，也并非只是把"时间记录"这个动作完成，而是要真正将各个时间段所发生的事情完整记录下来，否则，这个记录毫无用处。我开始真正思考时间记录对于我的意义。我必须将时间记录做得更加准确一些，让时间记录充分地发挥它的作用。

如何让你感觉"没用"的时间记录变得真正"有用"，关键在于深度理解时间记录的作用，学会分析自己的时间记录。

人非圣贤，有时会忘了记录或者漏记。我们很难像《奇特的一生》一书的主人公柳比歇夫那样有强大的意志力。他可以将人生每个时期的时间记录都做得非常完整。反观我们自己的数据，如果记录是不准确的，那这样的时间记录还可用吗？所以，准确、详细的时间记录内容才能真正发挥作用，才能更好地被用于分析。

3. 时间记录的预测功能

很多时候，我们的头脑容易忘事，也许前几秒做过的事，下一秒就会忘记。如果及时将发生的事件和时间记录下来，更便于回忆，还能做相关的信息统计。尤其当你需要完成某任务或项目时，时间记录能起到非常关键的作用。你会清晰地知道完成一个项目或者任务需要花费的时间，进而做出合适的时间预测。当下一次做同类项目时，你对自己的时间花销了然于胸，可以更精准地测算一个项目所花费的时间成本。

我是一名有五年经验的引导师(Facilitator)。2023年第一季度，我为公司设计、组织并实施了事业部的战略行动策略工作坊。这个工作坊对我而言特别重要，我不敢怠慢。我做了好几轮的访谈，准备了访谈提纲。最后发现参与对象和我设想的不一样，由原来的20多人突然增加到了40人。人数翻倍，该怎么办？我不得不花更多的时间准备，同时寻找副引导师，请他们协助小组讨论，以获得更多的产出和成果。

当我翻看时间记录时，我惊讶地发现我花在这个工作坊上的时间是60小时。如按每天工作8小时计算，我花了将近8个工作日才完成这个大型工作坊。通过时间记录，我看到了自己在工作坊设计能力方面的不足，这也让我反思要不断精进自己的引导师能力。只有能力提高了，所付出的时间才能够获得更大的回报。

4. 时间记录倒逼能力增长

做了一段时间记录以后，我对时间的价值也越来越有感觉，基本上能够预估大概多长时间自己能做些什么样的事情。

每当我在做决策时，脑海里经常会闪现出时间投资的概念。剑飞老师在《时间记录》一书中提过关于时间成本的计算。

一年有52周左右，每周工作5天，每天工作8小时，扣除法定节假日，每个人一年的工作时间大约是2000小时。为了计算方便，直接用个人年收入除以2000小时，就可以计算出目前1小时的时薪，把它看作你当前1小时的时间成本。如果你的年收入是10万元，那么每小时的时间成本约为50元。

记得有一次开部门会议时，我们每个人都要分享一个有趣的故事。

同事 LF 分享了自己买东西很纠结的故事。我问 LF 因何事纠结，LF 说：买榴莲时，突然发现榴莲的价格比前一日涨了，当前买是 15 元，而前一天只需要 12 元，足足增加了 3 元钱，所以没办法接受，来回踱步了整整 20 分钟，也没有下定决心是否将榴莲买下来。

基于剑飞老师在《时间记录》中提到的时间成本公式，我告诉她应该直接就把榴莲买下来。我用这个公式给她算了一笔账。她纠结的时间是 20 分钟，假如她的年薪是 20 万元，用这个金额除以 2000 小时的话，那么每小时的时间成本为 100 元，纠结了 20 分钟将花费 33.33 元，远比一个榴莲的价格多不少。

所以，她消耗掉的不是时间，而是金钱。她所纠结的 20 分钟，是需要加倍努力才能赚回来的金钱。所以，当你真正想去做一件事情的时候，要立刻去做决定。当你纠结要不要去做的时候，应快速想一想你纠结的成本是多少，你是否愿意为纠结的成本买单。

我分享的这个事例，给同事带来了很大的冲击。当大家决定去做一件事情的时候，再也没那么纠结了。他们不再花较长的时间思考一个行动或者决策，团队成员的思考能力在不断地提高，从之前思路混乱的模式逐渐转变成"成长型"的思维模式。

当我们在想一件事要不要做时，应立即去做，否则就是在浪费时间。当人们能够快速做出决策时，工作效率必然就提高了。做决策的效率提高了，也倒逼着自己更快地去完成事情。当需要更快地做事时，则需要更强的工作能力。要想更快地完成一项工作，当务之急便是提高效率。要么设法提高个人能力，要么借助工具或者请他人合作完成。

第二个例子，是我自己的亲身经历。2022 年 5 月，我刚刚学习语音写作，兴趣盎然。6 月的时候我曾经创造了 32 分钟语写 1 万字的纪录，那个纪录之后就再也没被打破过。最初的时候，我因为总是纠结于自己写的内容，脑子和嘴无法同步，总是陷在思考中，嘴在说的时候会慢很多。我语音写作的速度总是停留在 45 ~ 50 分钟 1 万字，我一度想要放弃提速这件事情。

2023 年 8 月，连续几日我的语写速度都达到了 35 ~ 40 分钟 1 万字，时隔一年，突然提速了 10 分钟，这让我惊喜万分。我仔细回想了那几日的状态。我发现当专注当下、心无旁骛的时候，速度就会变快，语写的状态也变得越来越好。我不会那么容易被打断，不会思考此刻我要语写什么主题，下一段文字要写什么。

说到底，要提升自己的能力，就一定得在做事时保持专注。如果将自己的注意力全部放在语写上，或者放在做某件事上，你会发现因为专注，这件事可以做得更好了。

时间记录带来自我突破

1. 学会一项新技能

因为时间记录，我实现了人生中非常重要的一项突破。

我是一个没有运动细胞的人，小时候特别害怕上体育课。对我来说，运动是一件难事。可就是我这样一个"笨人"，却在 2023 年 11 月学会了游泳，这对我来说是人生中的一大突破。我居然在 40 多岁的年纪学会了游泳。

20 岁时我就想学游泳，尽管也学过，但从来就没有学会过。5 年前，我聘请了私教，也没学会。为什么这一次我却学会了呢？我想最大的功劳应该归于时间记录。2023 年 9 月，时间记录报告上显示我的运动时间太少了，我的运动时间在那个月只有两小时。当我翻开每天的记录时，我发现从 5 月开始我一直都在学习，可能是因为学习而忽略了运动。

那段时间沉浸于各类学习中，每天上班前学习，下班后依然学习，以至于我的身体状态很差，睡眠状态也不好。我该如何处理好自己的事情呢？我当时认为，身体健康确实很重要。如果我想要事业丰收、生活甜蜜，那么没有好的身体是不行的。可是，如果要运动，我必须选择一项我既喜欢又能够坚持的运动。跑步、普拉提、跳绳，我都试过，但没有一项是我能够长期坚持下来的运动。

我特别喜欢生命自由的状态。想来想去，游泳应该可以让我感受到生命自由的状态。于是，2023 年 10 月我选择了学习游泳，而这么一开始，我居然坚持了 10 节课。这份坚持让我学会了蛙泳。时间记录在这当中所发挥的作用便是"提醒"。每天详细地进行记录，到了月底会生成时间记录月报。这个报告告诉我，我在游泳的学习方面花了多少时间。就是这么神奇，一个自己认为一辈子也学不会的运动，居然在 1 个月内学会了。

我其实也很好奇为什么会这样？我认为时间记录所推动的不是记录本身，而是记录者做这件事背后的动机，也可以称之为驱动力。你为何要做时间记录？你做记录是为了活得更好，可以有更长的生命吗？你的需求来源于哪儿呢？你生命中最重要的是什么？如果你的驱动力是拥有健康的体魄，那么时间记录所给予你的应该是：你可以在有限的可支配时间里安排上运动这项任务。当你倾听自己的内心，听话照做时，这一切便自然而然就实现了。

2. 让时间变得有价值

剑飞老师曾经在《时间增值》一书中讲过：

> 金钱和时间比起来，一定要把时间放在第一位，金钱放在第二位。这样增值速度会更快。

时间记录让我们的生活变得有迹可循，而怎样才能让时间增值，我们要学习一些理念和方法并将其用在日常生活中。久而久之，我们便能更加灵活地掌控时间，知道在什么事情上会花多长时间，选择做什么和不做什么更能让时间增值。

学习成长时间、睡眠时间和运动时间这三块时间需要被保护起来。因为它们能够给我们带来时间增值，影响今后 10 年、20 年乃至50 年的人生。

交通时间，要尽量减少。进行时间记录之后，我对交通时间特别敏感，绝对不会把时间无谓地浪费在交通上。如果一项交通需要花费我更多的时间，我会毫不犹豫地选择用其他的方式替代。

比如，家里大一点儿的孩子去学校，如果我来回接送，至少要用1.5 小时，而打车只需要 100 元，那么我会毫不犹豫地选择让孩子打车。我可以利用这段时间阅读或者写作，获得的收益远比我支付的打车费要高得多。

在不断做时间记录的过程中，会形成一些自己的理念，让我们在时间运用和管理上更有掌控感。而且，当有意识地去分析时间报告时，会让我们对时间分配有更多了解，哪些地方做得好，哪些地方做得不好，哪些地方还有调整的空间。做好分析以后，便会有意识地去预测时间，做好时间上的安排和调整。

时间记录、时间管理、人生规划

1. 时间记录与时间管理的关联

时间记录是指把一个人每天的时间使用情况通过场景的划分，数据化地记录下来，进而能对自己每天的时间使用情况有一个客观的数据化认识。时间管理是通过合理安排和有效利用时间来提高工作效率和生活质量的方法，是一种自我管理的方法及过程。

时间记录与时间管理有什么关联呢？会做时间记录就一定能够做好时间管理吗？能够做好时间管理的人就一定会做时间记录吗？德鲁克在《卓有成效的管理者》一书中谈到管理者要做到有效需要三个步骤：记录时间、管理时间、统筹时间。所以有效的管理者首先得厘清自己的时间都跑哪儿去了，才能够做好时间管理。时间记录是做好时间管理的基础。

做了一年的时间记录，虽然不能说自己已经是时间管理高手，但我发现自己的工作和生活变得非常有规律。我每天都能在 6 点前起床，1 小时内完成语写 1 万字，再进行 30 分钟阅读。因此，一年中我阅读了 60 多本书，这也帮助我提升了自己的知识储备。而每天的语写让我能够保持良好的状态，用稳定的情绪和高能的状态迎接每天的挑战。

我在 2023 年年初制定的个人目标，不仅全部完成，而且全部提前完成。原计划 2023 年年底成为认证演讲教练，结果在 2023 年 8 月便提前实现了。我是怎么运用时间记录来很好地进行时间管理的呢？我觉得是"善用时间记录"的结果。

从个人的时间使用状况来看，可以横向或者纵向地看待自己的时间记录。比如，这个月和上个月、今年和去年同一时期相比，相同的类别在时间使用上有哪些差异。通过查看这些数据对比，可以知道自己每年、每月、每周及每天的时间使用状况。当我们认真梳理时，会发现时间使用的规律。

通过查看时间报告，可对时间使用效率高低的分布，及对人的情绪状态一览无遗。比如，我们来聊一聊能量消耗这件事。如果我在刷短视频、刷朋友圈上消耗了太多的时间，那自己在个人成长上所花的时间就变少了。

剑飞老师在《时间记录》这本书中说，在时间投入方面，有些时间具备投资属性，包括花费在学习成长、运动健康上的时间。另外，用某种方式保持心情愉快也是一种投资行为，心情愉快，做事会更高效，在一定程度上也是让时间增值了。有些时间具备消费属性，比如花费在休闲娱乐上的时间。

所以，这就是为什么我发现自己运动时间少了的时候会焦虑。因为只有投入更多的时间在运动方面，身体才不会出现问题。当我发现自己在刷剧、看短视频上花费的时间增加时，我会想到自己消费的时间多了，会不由自主地停止这些动作，转而增加学习和成长的时间。

我们生来喜欢看那些既美观又清晰的报告。好看的报告固然吸引眼球，但如果不对报告进行分析，不仅白花了时间做报告，也没能找到报告中的利用价值。所以，报告在前，分析在后。时间记录报告一定要真正用起来才有价值。剑飞老师的时间记录系统将时间记录和报告完美地结合在了一起，对我们进行时间管理非常有用。只要将做过的事情按照时间使用类别记录完整，时间报告自动生成后，便可以逐项进行分析，然后再进行调整和统筹。这和德鲁克有效管理时间的理论不谋而合。

2. 时间记录助力人生抉择

时间对我来说尤为重要，如果不好好地利用时间、珍惜时间，不珍惜和身边的人的相处，那我便是在无穷无尽地消耗自己的生命。

如果能够更好地做时间记录，更好地运用时间，那么时间记录于我而言，它不仅是一款 App，更是一种理念。当我们越来越明白时间记录所带来的价值时，便能够更好地运用它。

时间记录让我的生活方式发生了改变，或者说它打破了我一成不变的生活方式。也许你没有任何创新的想法，也许你不屑于做出任何改变，或者认为用不同的方式做事是在浪费时间。但想想看，一种创新的方式或许只是在思维上做出一点儿改变，但最终却能呈现完全不一样的更好的结果。当明白自己内心世界真正的需求时，才能够做得更好，才能够挣脱出旧有方式给你套上的枷锁。

当我们不想做出变化的时候，不如重新审视自己。我们不愿意审视，是因为害怕面对自己，看到自己的不足会觉得难堪。当认真审视过后，你才会发现变化后的生活有多么不同。审视自己不仅是发现自己的闪光点，也找找不足之处，更加清晰地认识自己，这个步骤绝对有用，它将会帮助我们在时间的长河中做好自己的人生规划。

要使自己的决定坚定而有力，必须提升个人的决断力。时间记录报告是帮助我们做出决策的绝佳资源。有它作为支撑，决策起来会更容易。通过一组数据快速做出判断，而不再是冥思苦想后还迟迟做不了决定。不做决定或者慢做决定，对于我们每个人来说都是一种消耗，当消耗过多时，时间没了，精力没了，耐心也没了。一旦停下来，再次启动，仍然需要时间和决策。

有人说过一句话："不要在等待中枯萎，而要在行动中绽放"，其实也表明了要用行动替代等待。因为当你迅速行动时，你的能力和能量都在相应提高。

当我对时间愈发重视以后，我做了一个人生中非常重要的决定：学习演讲。为什么要学习演讲呢？在我的工作中不缺乏公众表达的机会。虽然经常有机会上台，但总觉得自己说话没有逻辑，没有重点，容易造成时间上的浪费。有时候我在听同事做汇报的时候，也经常遇到这样的情况。明明一个问题可以用 10 分钟讲清楚，可是对方却讲了 30 分钟还没有讲明白。在我看来，这是相当大的消耗。如果我们可以将话说得更明白，将重点摆得更清楚，就可以节约双方的时间。于是，2022 年 12 月，我参加了演讲学习，经过半年多时间的持续浸泡和训练，我从一名演讲"小白"成长为一名演讲教练和演讲培训师。

我在公司组织了"高效工作汇报及魅力商务演讲"课程，在短短 2 个月的时间内培训了近 150 人。参加的学员都觉得这门课特别实用，他们将学到的知识用在工作中，让沟通和表达成了一件容易的事，工作效率也随之提高了。因为重视时间，我选择了帮助他人进行高效表达和沟通，从而帮助人们节约时间，更好地运用时间，我感到特别满足。

3. 做时间的主人

语写是我每天必做的事情，我会将语写花费的时间记录在"时间统计"App 中。每天 24 小时的时间记录，哪一项记录会是你这 24 小时当中时间最长的呢？不言而喻，要么是工作时间，要么是睡眠时间。

假如睡觉的时间和工作的时间各占 8 小时，那我们每天就只有 1/3 的时间供自己自由处理和支配了。坚持星球创始人龙兄老师写过一本书《谁说你不能坚持》，在这本书中他说"用碎片时间，做时间的富豪。"世界上最公平的资源就是每天的时间，不管是富豪还是乞丐，每个人都是 24 小时。

当我们将时间记录做好以后，会发现有一些碎片时间是完全可以利用起来的。比如，乘坐交通工具时，有人喜欢用这块时间睡觉，如果将这块时间用来阅读和学习，就比别人多了 1～2 小时。如果早睡早起，可以利用早起的时间阅读、写作，比别人又多了 1～2 小时。

开车时，不方便看书，但可以听书或者听老师直播，增加知识储备。如果感觉自己没有时间运动，可以同时做一些事情。比如，我喜欢在环境优美的户外进行语写，因为那是一种美的享受，不仅能愉悦心情，还可以一边走路一边语写。当没有时间跑步的时候，走路也是一种锻炼。语写 30 分钟便可走 5000 步。

每天的行动计划，能用碎片时间内完成的就在碎片时间内完成，千万不要拖到最后。比如我在做演讲教练的时候，每天需要花时间给学员反馈，我会利用碎片时间及时给学员反馈，这样学员不仅可以及时获得反馈从而进行作业迭代，我觉得自己做事的效率也更高了。

因为懂得利用碎片的时间，我在工作之余不会无所事事，也不会胡思乱想。每天将自己的时间安排妥当，一天可以做的事情越来越多，效率也越来越高。当我给自己设定目标时，就会将时间记录报告拿出来，看看可以通过调整哪一段时间来完成我的目标。通过做这些安排，我渐渐觉得自己成了时间的主人。

4. 时间记录让人生规划变得简单

《奇特的一生》一书的主人公柳比歇夫从 1916 年元旦开始，26
岁的他便实行一种"时间统计法"。他每天都要核算自己的时间，
一天一小结，每月一大结，年终一总结，直到 1972 年他去世的那
一天，56 年如一日，从未间断。

每个人都希望对自己的人生有清晰的规划，可是并非每个人都能做
到。当你将自己的人生规划探索得足够清晰时，你会发现自己做的
事情更有意义。每个人也许会计算自己留在这个世界上的时间还有
多少。对于一个年近半百的人来说，人生只有一半的时间了，过去
的 50 年已经过去了，是不可逆转的，无法重走之前的那些路。接
下来的 50 年，该怎么做呢？

我想每个人的心里都有自己的答案。对我而言，我很希望时间记录
能够帮忙。我不希望后半生再浪费时间，也不想走很多弯路或者不
该走的路。我可以在后半生利用时间记录创造一些不一样的可能。
我希望时间记录能够帮助我创造新的体验、新的经历、新的故事、
新的历程。

时间记录虽然不能帮助我去完成，但它可以督促我完成。它是一位
看起来不起眼的朋友，但不管你愿不愿意和它交流，它就在那里。
运用好时间记录中的内容，我相信一定能够创造出不一样的生活轨
迹。这些创造可能是之前我们从未体验过的。

时间记录是我们人生的导航。当你偏离了方向时，它可以帮助你调
整回来。我想这其实就是时间记录带来的增值部分。当你学会更好
地看待你拥有的一切，学会更有预见性地去思考你未来的人生，去
规划你的人生时，你会发现命运之神对你十分眷顾。你活出来的百

年人生也变得更加有意义。因为你比别人拥有更多的经历、产出。因为有了时间记录，你的人生会更加笃定。

时间记录是一套简洁的体系，是一种美好的生活方式。当我们将每天的时间花销记录下来时，也将一份美好的生活记录了下来，生活品质会变得越来越高。

当每一个新的事项开始或结束时，我都会不由自主地按下记录按键，按下的那一刻特别心安，因为这一举动让我感觉到自己没有让时间白白流走。我也坚信时间记录将引领时间记录践行者走向更加广阔的世界，活出无悔的人生！

时间统计让我改变，
让我创造，让我超越时间

王艺霖

作者介绍

王艺霖，单篇文案转化销售额破百万的文案作者。超过十年写作经验，把热爱变成自己的事业。深耕营销领域超过 10 年，主做文案和品牌策划，希望能帮助更多的人发掘自己的优势与价值，每一个产品品牌和个人品牌都值得被看见。

我的高光时刻

从单篇文章稿费十几块，到一篇文案几千块，用了不到一年的时间。在个人快速提升之后，开办了 6 期自己的写作班，帮助过 1000 余人次解决与文案相关的问题，付费学员300 余人次。

做过的最大挑战

1 年时间，从 0 到 1 为财经类老师打造个人品牌，实现素人老师销售额突破 40 万元。

扫描二维码
与作者一对一交流

和时间统计的缘起，无心插柳柳成荫

现在想来，我已经不记得是哪一年接触到时间统计的了，但很确定是在剑飞老师那里第一次听到的，也记得他当时推荐的书——《奇特的一生》。

这本书的作者格拉宁介绍了柳比歇夫坚持时间统计 56 年。每段时间，不管是十几分钟，还是几十分钟，都会被柳比歇夫记录下来，写明用于做了什么。基于这种方法和高度专注的能力，他获得了普通人难以企及的成就——他是一名科学家，既有专业领域的深度，又有涉及众多知识领域的广度。

出于好奇，我买了一本《奇特的一生》来阅读，但很快就把书中介绍的内容"否决"了。我一想到要拿一个空白小本，把自己度过的每一分钟记下来，还要写明和谁、在哪儿、干了什么就觉得很离谱。我的时间本来就已经很宝贵了，每天还要花时间去做这种记录？它的意义和价值是什么？

但剑飞老师一贯的策略都是执行——听话照做，先干起来再说。别管心里有多少疑惑，用了有效果才是最重要的。既然是大佬们用过的方法，那咱们就看看结果。我按住自己的"否定心"和"半信半疑"开始了基础记录。记了没几天就发现，这真不是一件容易的事情：别说把自己的时间按照十几分钟的区块进行记录了，大部分人对于自己大块时间做了什么事情都没什么印象。甚至如果有人问我，昨天的某一时间，我在干什么，基本上我是记不起来的。

而且，每时每刻都要想着时间统计，更让我觉得不胜其扰。

总是忘记"统计"这件事情，有时候虽然想起来要记录，但回忆自己前面两三个小时都做了什么，却记不太清了，很容易自暴自弃。

而且当时是用比较原始的 Excel 表格记录，对于我这种对数据不敏感的人来说，没有称手的工具让"时间统计"这件事情难上加难。

不过剑飞老师的迭代速度总是超过我们的想象，他很快就找到了解决这些问题的方法。他先给我们推荐了几款方便进行时间统计的App，告诉我们可以借助 App 入手，暂时放弃 Excel，这样能降低统计的成本。果然，我试用了几款 App，统计频率大大提高，我选择了一款用着还算顺手的 App，磕磕绊绊地记了起来。

一开始用 App 做时间统计，中间也会漏记忘记。不过，有困难也不怕，我不断听剑飞老师讲解关于时间记录的方法和内容，降低对自己的要求，不求全面细致，只要把统计的动作做起来就行。在那段日子，我也多次请教比我更有经验的朋友，比如段一邦。邦哥给我讲了很多方法和策略，帮助我在记录这条路上继续走下去。

后来，剑飞老师开发了自己的时间记录 App，我用起来觉得十分称手。从 2021 年 3 月 11 日 App 上线起，我的时间记录再也没间断过。可能是从之前的记录行为中形成了习惯，也可能是这个App 真的太好用了，完全没有放弃的理由，之后想断掉也变得困难了。现在不管有多忙，我都会记得，要记录时间花费到了哪里。有些时候实在来不及一一写明细节，我会留出时间专门进行补记和整理。

不知不觉间，时间统计这件事情我已经做了两年多，现在丝毫不会觉得做统计有什么负担，反而觉得它成了我生活中不可或缺的一部分。而我也逐渐体会到时间统计的好处，如将自己的很多习惯进行了调校，把时间分配变成自己喜欢的样子，也更关注目标和结果，让自己的时间产出更高效。

以前接触"时间"相关领域的时候，大家通常都会说怎么去做"时间管理"。但很快我们就会发现，时间根本不归自己管理。不管我们在家躺着看一天短视频，还是上班 12 小时，时间都以它固定的流速在消逝，它不以任何人的意志为转移，对任何人都是公平的。

不管是富豪还是乞丐，不管是学富五车的科学家还是天真稚嫩的孩童，每个人一天的时间都是 24 小时，每小时都是 60 分钟。所以时间无法被我们管理，它有自己的流速和节奏。我们能管理的，只有如何去规划自己的时间。

如果想规划自己的时间，那就要先知道自己的时间用在了哪里，在各种事情上的花费是多少。这就跟我们想去管理自己的财务状况，需要先知道自己的财产情况一样。这就是时间统计最基本的意义。

每天做时间统计听起来是一个庞大的工程，但实际上要做的，就是打开"时间统计"App，点击加号，写好明细。仅此而已。每次切换事情或者场景的时候，记录下来就好了，从操作上来说是很简单的。但当你真的开始做了之后就会发现，事情没有这么简单。想要在时间统计的基础上加深自己对时间的感知，增强自己对时间进行规划和分配的能力，不是一朝一夕就能实现的。

不知道大家有没有这样的感受，当我们沉浸在自己喜欢的事情中时，精神是高度集中的。这时你会感觉时间过得非常快，主观意识上觉得时间只过去了半小时，但看完一本喜欢的书，时间早就过去了一个多小时。又或者，来到工作的场景，等待下班那几分钟，会觉得 5 分钟的时间有 15 分钟那么漫长。

这说明，在我们的主观意识上，对于时间的流逝是没有精准感知的。缺少精准的感知，在沉浸状态下不会对我们有太大的影响，顶多就是太投入，忽略了其他的人和事。

从人一生的角度来说，在总时长固定的情况下，单位时间内的生命体验深度和广度，直接决定了当事人的生命质量。

浅且窄维度的体验，会让我们觉得生活波澜不惊，甚至索然无味。越觉得没意思越懒得折腾，进入负向循环之后，需要花很大的力气调动自己的积极性才能翻转和改变。而如果进入正向循环，整个人都会积极向上，会主动沉浸在心流状态，不断激励自己设立目标、创造成果，享受成功带来的价值感和成就感。

如实记录自己的时间，放下评判就是改变的开始

开始做时间统计时，自己对时间的感知能力不强，经常错记漏记、忘记填写明细等。但第一个阶段的目标是先坚持记录下来，不用管细节。这个阶段过去之后，可以尝试规范自己进行时间统计的内容和记录方式，很快就会进入到下一个阶段——通过如实记录，看到自己对自己的评判。

有些小伙伴看到这里可能会觉得不可思议，怎么做时间统计还要进行评判？

没错。你可以回想一下有没有过这种经历，某天手里有些工作还没做完，但还是想先放松一下，打开了一个感兴趣的电视剧。心里默念只看 1 集，实际上看了 3 小时，然后为自己刚才浪费了 3 小时的时间而懊悔不已。

或者，会不会批评自己，难道自己就不能看看书，不能听听付费

课？不能出去社交一下，多认识几个朋友？说来也很感慨，我竟然在这种状态中沉浸了有 6 个月。直到有一天，我跟邦哥提到这种情况，他提醒我说："休闲娱乐是一个人生活中必需的板块"，我才幡然醒悟。

我在这种类似的评判中已经批评了自己很久，而这些所谓的"看电视剧就是不积极向上、不努力学习"的念头，也大多是小时候父母灌输给我的。所以在很长时间里，我很难痛痛快快地享受休闲时光，总是在玩的时候想着工作，工作的时候又想着玩，也不允许自己将大块的时间专门拿出来单纯娱乐。

过往的我，深刻地信奉做事情一定要有价值有意义，否则就不该做。理性脑控制了自己的日常行为，根本没有去想自己内心真正的需求和渴望。而作为一个普通人，需要休息，需要娱乐，需要放松，需要和朋友一起说说笑笑。休息是生理上的需求，也是情感上的需求。

从觉察到"人需要娱乐"开始，我就尝试给自己安排大块时间，出去逛街、发呆、走路、聊天、看电影，纯纯粹粹地去休闲娱乐。甚至有一段时间，长到两三个月，我什么都没做，就任由自己睡醒了吃饭，吃饱了玩，玩累了睡觉，反复循环。

直到有一天我发现，人没法长期处在休息或者闲着没事做的状态。当休息到一定程度时，人就会觉得闲得浑身难受，还是找点儿事情做比较舒服。整个调整的过程现在回看起来很简短，但真正去做的时候，实际上经历了长达一年左右的时间。

不过，在我看来，改变一个习惯不管是一年也好还是几年也好，只要有效果就值得。通过时间统计，如果觉察到自己的生活模式或者习惯不是自己想要的，那就要慢慢去改变，直到自己不再为这件事情感到难受或者纠结。

前面举的这些例子，不过是很多案例中的一小部分。每调整一次自己的习惯或模式，都会有巨大的收获和体验。人就是在这样一次次不同的体验和不停调整中，不断丰富自己的维度和成长过程的。

而且，如实记录时间的力量，远超我的想象。当我能够如实记录下在每个时间段自己在哪里做了什么的时候，就已经全然接受了自己所有的行为和对时间的规划。

通过时间统计，可以看到自己的实际行为和前期规划之间有多大距离，在总结的时候，就可以针对目标完成情况，对自己的行为或行动的合理性或效率进行评估，之后可以根据目标再去调整行为或行动。这个过程就变成了一个非常有效的 PDCA（计划 – 执行 – 检查 – 处理）循环，不管结果好坏，都再也不会对自己有评判或者批评。

接纳自己，才能有改变发生。改变发生了，结果也就顺带着改变了。

用事实说话，让数据指导自己的行为

前面列举的案例是时间统计给我带来的改变中的一个切面。我从觉察自己每一块时间做了什么，到自己对这块时间的分配和使用有什么评判，又做了接近半年。再到下一个阶段，就开始看报表，看自己的时间都用在了什么地方，自己在想实现的目标上是否分配了该用的时间。

事实就是，数据会说话。

时间统计会告诉我，我是真的把时间花在了自己认为重要的事情上，还是只是让自己"看起来很忙"。我是把时间花在了关键成果上，还是把时间只花在了无关紧要的工作上。

人在很多时候，即使设置了目标，也会被一些无关紧要的事情吸引。在创业过程中，会有各种各样的信息需要处理，也有很多人需要去链接、去沟通。有时候大量的信息是无用的，但没有筛选就去浏览，好像这样就是在努力工作了。有时候会去见很多人，没有选择合适的人就去见面，本质上是在浪费时间。因为交通出行、化妆搭配等，都是时间成本。

只有清楚地了解自己的行为可带来的结果，才能慢慢改变自己对一些无用社交、无效信息的关注，把时间留存下来，留给真正重要的事情。

在日常时间统计中，有很多这样的例子，我要求自己反复回看，看看自己是不是真的在工作、在产出结果、在向目标努力。比如想要身体健康，要吃好喝好，合理安排膳食，不暴饮暴食，少熬夜多睡觉。而如果时间统计的数据跟这些正好相反，比如聚餐时大吃大喝花了很多时间，熬夜也是家常便饭，那行为跟目标就是相反的。

从这里也可以看到如实记录的重要性。只有数据是基于真实统计的，那分析才有意义。如果数据本身就是经过"美化"的，是虚假的，那就不具备分析和改善的空间。

通过不断地回看数据，可以清楚地了解自己一天、一周、一个月甚至一年的动向。也可以知道，自己一天、一周、一个月或者一年到底有没有在为自己阶段性的目标努力。

在看到偏差的时候，可以深入地问自己一下，当时是怎么考虑时间分配的？为什么做了这样的分配？这样对我完成目标或者工作有帮助吗？是否有更合理的时间分配去完成这些工作？

对时间的感知度越高，对成果的产出越敏感

在没有开始时间统计之前，我对时间的感知度很低。一方面是因为我很容易进入心流状态，比如写稿、看书时，过去一两个小时，也感觉才过去一小段时间。另一方面，我从来没有刻意训练过自己去关注时间的使用和消耗。这就导致我很不注意"准"这个事情，经常对时间没什么概念。有时候约了朋友下午四点见面，我要磨蹭很久才到约定的地方，而对方已经等烦了。换位想想，如果是别人让我等半小时，我也会烦。

认清这件事情之后，我一方面训练自己对时间的感知度，比如实际时间过去了 15 分钟，我自己的主观感受也是过去了十几分钟，反复训练，直到这个差异变得比较小。另一方面，开始训练自己提前到达约定地点，并合理规划"等人"的这一小段时间。在这一小段时间，我做点什么是自己可以接受的，且不浪费时间的。比如等人的时候，可以看一会儿喜欢的电子书，或者跟朋友聊聊天。

在调整了一段时间之后，朋友们对于我"迟到"的吐槽少了很多，自己对于事情和时间安排的掌控感也好了很多。不过，对于拖延的问题还没有太大的改善，接下来，我会想办法着重调整关于"拖延"的觉察和调整。等以后再有什么心得和收获，也会记录下来和大家分享。

还好，大部分调整都获得了自己想要的结果。随着最近工作越来越

多，自己对于时间分配更明确，工作效率也更高。在单位时间内，能够完成的事情越多，处理的信息越多，对于我个人成长和经验的积累都有重大的意义。

我非常乐于处在目前这样的状态下，不断挑战自己的极限。虽然时间统计看起来只是一件微小的事情，每天也只需花十几分钟的时间，但却可以给我带来巨大的满足感和愉悦感。它清楚地告诉我，这一天的时间我和谁在哪里干了什么；做的事情有没有效，是不是我想要的。对比自己的目标，是要继续还是要调整。剑飞老师刚刚推出时间统计的 App 时，我一口气买了 3 年的会员，觉得 3 年能用很久。实际上，3 年的时间转眼而过。

我在这 3 年的时间里，经历了人生的大起大落，走上巅峰，又跌落谷底。有时候感慨生命的戏剧性，有时候也清楚地看到，每一分钟的投入和使用，都不会被辜负。我们做了什么，我们要去哪里，其实早就藏在每一分每一秒里。

通过时间统计创造自己的作品声量

前面聊了很多关于时间统计的看法和改变，我通过时间统计到底要达成什么结果，或者要得到什么呢？这个问题，我确实想了很久才想清楚，而且是用一种非常戏剧性的方式。

有句诗写得好：

> 不识庐山真面目，只缘身在此山中。

当我们身在局中的时候，很难看清全貌。但有了时间统计这个工具，它能把我们拉到一个旁观者的位置，看到事情的全貌。

想起来很有趣，我在营销领域工作几年之后，感觉职业上升空间不大，就裸辞开始做新媒体，也慢慢跑通了一条小小的盈利路径。不到一年的时间，我的单篇文章的稿费从几十元涨到几千元，还开了6期以改代练写作班，然而我竟没有意识到，每次在跟客户沟通之前，发给对方的作品集就是我个人品牌最好的标签和成果。

以前在做这件事情的时候，我可能想的仅仅是"它是一个证明我能力的东西"或者"它能帮我说服甲方"，而没有意识到，这个合集本身就已经是我的作品与声量了。

我也没有意识到，一个人的个人品牌是以什么方式积累并且不断壮大起来的。其实就是从自己不断产出新作品，并始终保持曝光度，让其他人看见你的过程中逐渐成长起来的。

之前我对于作品集的思考，只停留在它是一沓已经发布的文字上，或者已经赚取稿费的合集上，而没有认识到，每一个文字都因为经过思维逻辑的组合而变得鲜活生动，变成我鲜明的个人风格和独有的文章内容。

有一天突然想明白之后，我才发现原来自己已经浪费了很多时间和天赋，没有用好自己的优势让更多人看到我、链接我、来向我提需求。想想这真是一件让人觉得遗憾的事情。

而往更远的地方看，作为一个普通人，想要跑赢周期，跑赢通胀，跑出相对自由和一定量的财富，创作作品都是不可回避的一种创造财富的方式。

在过去几十年的时间里，大家都觉得买房可以穿越周期，让家庭资产增值。但经济不会一直处于上行周期，最近这两年受各种因素影响，房价一直萎靡不振，已经有很多人不再赞同房子能增值保值的观点了。更别说基金、股票、黄金、期货等其他投资产品了，谁也不敢保证投进去的本金，一定可以盈利，甚至不能保证本金能完整地拿出来。

但换一种思路，如果我们用创作的方式为自己提高收入，成本和损失都没有投资那么大。既不需要付出高额的本金，也不需要承担巨大亏损的风险，只是需要投入一些时间，拿起纸笔或者用手机、电脑就可以创作，门槛之低，可能是很多人没有想过的。而创造作品，也不只是自媒体人的专利，员工在公司里有工作的作品，公司在行业或者领域内有自己的创业项目作品，而艺术家、设计师等有他们的艺术作品，哪怕街边的熟食店也有自己的一套卤味作品。

只不过在现在这个阶段，用文字创作内容再借助互联网传播这种方式的成本很低，且传播效果很好。它可以不占用我们太多的时间进行生产，而在我们睡着之后，在完全不认识的陌生人之间也可以进行传播。不管是文章、艺术画作、代码等作品，都可以超越时间，直接跟其他人对话。

这么一想，是不是有作品是一件非常重要的事情，甚至是能够决定我们未来几十年收入的事情？现在的互联网如此发达，我们可以借助各种各样的工具，通过合理分配时间创作作品来丰富自己的个人品牌，以及获得更多的收入。

作品是一个人安身立命之本。不管在哪里，做什么，有作品的时候，才能跟别人证明我们的专业能力。如果什么作品都没有，那只能说明我们懒——什么都没做，或者什么都没积累，那就只能接受没有作品的结果。写到这里又想到一句话：想要，想做，做到，这几个词之间是有巨大鸿沟的。做不到就是不想做也不想要。能够拿到结果的人，都是真正有行动的人。

最后也以此自勉，希望未来和大家相遇的时候，是有自己作品或者成果的时候。也希望在时间统计这条路上，能碰到更多的小伙伴，大家能在一起交流心得，互相学习，共同成长，在穿越时间长河时，能一起携手向前。创作作品的维度，不只是文字、图片、视频等，我们也是彼此最宝贵的资产。

人才是一切的总和，没有人何谈作品穿越时间呢。当我们意识到自己的价值和珍贵的时候，就是我们创造作品穿越周期的时候。

把握时间中的时间，就会有成长

杨晓玲（小咩）

作者介绍

杨晓玲，在深圳出生和长大的"深二代"，PMP 项目管理师。2017 年辞职，全职照顾宝宝，愿意用行动影响行动，跟孩子共同成长的宝妈，亲子语写超过 100 天。

2022 年 5 月加入剑飞语写服务项目，每日语写 10000 字，持续超过 600 天，完成语写字数超过 1200 万字，语写马拉松完成 49 次，每日不间断做时间记录超过 600 天。

践行每日语写、时间记录、阅读的生活方式，微信公众号"小咩咩咩咩咩咩"主理人，运用语写写文章。

我的高光时刻

婚前，我敢于向外探索。曾独自旅行韩国、泰国、越南、尼泊尔，在 11 户当地人家做沙发客，跟英国登山爱好者一起徒步 8 天，打卡尼泊尔 ABC 营地。

婚后，我专注向内探索。语写累计达 1395 万字，连续语写时间达 690 天，曾四次挑战一天语写 10 万字。喜欢阅读，月均阅读时长 20 小时以上。

孩子出生后，积极培养孩子的阅读习惯，亲子共读近 150 小时 / 年、600 本 / 年，并引导孩子进行亲子语写，在语写中增进感情。

做过的最大挑战

连续不断地进行时间记录和语写 600 天以上。

扫描二维码
与作者一对一交流

走进个人成长的大门

2018 年，我成为全职妈妈，四年多以来我全身心投入在孩子身上，陪伴孩子成长。虽然过程很艰辛，但这是我人生中很美好、很宝贵的一段时光，我并不后悔成为全职妈妈。在有限的资源下，我和家属做出了最适合我家的育儿方案。在这期间我意识到，无论在孩子身上投入多少精力，多么努力地照顾孩子，我的内心深处仍然欠缺一份自我认同感，我渴望改变现状。

2022 年 3 月，我通过自己的努力重新回归职场。从全职妈妈转变为在职妈妈，要面对的挑战是平衡家庭和工作，尽可能快地适应工作节奏和环境，我更强烈地意识到必须成长起来迎接挑战。

2022 年 3 月，我报名参加了语写 21 天训练营，《成长超能力》一书的作者麦风玄是我当时的语写启蒙老师。在麦老师的陪伴下，我体验到了语写创作中的自由，语写滋养了我的生活，我很确信语写就是我需要的，它一定可以帮助我成长。

为了更加深入地学习语写，为了让自己更好地成长，2022 年 5 月，我报名了剑飞老师的年度语写服务。付费让我更重视每日语写练习，我给自己设定了在一年服务期内完成 1000 万字语写的目标，拆解开来就是每天至少写 27000 字。那时，我刚上班，我的时间被工作、学习、孩子、生活琐事、交通时间占满了。

在学习方面，我每天早上 5 点半起床，然后进行一个多小时的语写和业务学习；在运动方面，早晨学习结束后去晨跑；在交通方面，工作地点离家较远，每天要花费两个半小时的时间；在陪伴家人方面，下了班马上赶回家带娃，晚上十点半孩子睡觉后，我可能还要抽时间加班或做家务。

我努力地把所有的时间都排得满满的，有时候时间不够用，就少睡一会儿。这样持续了一段时间，大脑和身体的超负荷使用，令我感到很疲惫，我觉得这样的状态是不可持续的。当时我特别想找到一个方法去更好地管理自己的时间、精力，从而找到相对平衡的状态。

2022 年 6 月，在语写助教的建议下，我付费参加了剑飞老师的时间记录年度服务，当时我考虑的一个问题是：这笔学费值不值得？时间记录，是剑飞老师基于《奇特的一生》一书的主人公——苏联昆虫学家、哲学家、数学家柳比歇夫——所创造的时间统计法，结合他自己时间记录十年以上的实践，形成的一套时间记录体系，配套开发了"时间统计"App 和时间统计课程。

柳比歇夫用了 56 年去验证时间统计法的有效性，剑飞老师花了近十年的时间实践和验证这套方法，他们已经投入了大量的时间成本。而我现在的问题迫在眉睫，这个阶段我根本没那么多时间慢慢研究、总结提炼方法，为了能够在较短的时间内缓解状况，付费可以帮助我用更少的时间成本学习到别人已经花了很长时间总结出来的经验和方法。如果能学到一种有效使用时间的方法，能持续为未来 50 年提供帮助，那是非常值得的。

在 600 多天的语写和时间记录实践后，我发现自己在很多方面都有了较大的改变，尤其是在思维方式上。

有一次，剑飞老师在直播间提了一个问题：

你们觉得哪一年是自己觉醒的年份？

剑飞老师说他觉醒的年份是 2013 年，有很多小伙伴回答自己觉醒的年份就是开始跟随剑飞老师学习的那一年。我的觉醒年份是

2022 年，35 岁的我开始正式踏入成长大门，我决心要陪自己一路成长下去。

重新认识自我价值

> 你的时间值不值钱？如果你的时间值钱的话，那就不觉得贵。

这是我在 2021 年第 1 次咨询剑飞老师为什么语写服务这么贵的时候，他给我的回答。

当时我在想，这个老师为什么要用钱来衡量时间？我是不能理解的，后来看了《奇特的一生》这本书我才知道，这个理念来自柳比歇夫，用钱衡量时间的目的是让自己更珍惜时间，把时间当成金钱一样去规划和使用。

当时我看到剑飞老师的回复，觉得我并不适合做他的学生，我只是一个全职妈妈，虽然每个月有稳定的家庭收入，但我并没有自己的工作收入，下意识地认为我的时间并不值钱，我不配付费参加这么贵的私教服务。

直到 2023 年 5 月，我的好姐妹，《语写高手》合著作者殷倩（网名子容），跟我打了一通 40 分钟的电话。她跟我分享一个人真正想要成长，需要"师法友"的支持，一位好的老师、一个行之有效的方法和一起同行的伙伴，当时她已经跟随剑飞老师学习语写，她说剑飞老师是生命级别的导师，语写是帮助个人成长非常有效的方法，语写成长圈可以提供很多的支持。

最重要的是，她说："你值得，这笔费用是一项投资，为了拥有一个更好的自己，更美好的未来，你值得去投资自己，成长起来。"

我第一次知道，原来只是我的不配得感让我不敢去靠近好的老师，值不值得并不建立在目前收入是多少上。如果在认识我十年的子容姐眼里觉得我值得，为什么我会觉得自己不值得呢？

沃伦·巴菲特在一次访谈中说：

> 最好的投资是投资你自己，投资你自己是非常重要的。如果你能够对自己进行投资，没有人能从你身上把它抢走。

我的成长值得我去投资，因为投资自己，培养的能力是别人拿不走的，这份安全感不依赖于他人，完完全全来自自己。当开始学习时间记录以后，我彻底改变了过去对自我价值的定义方式。在"时间统计"App 中，可以写下自己实际或者期待的年收入，App 会自动计算单位时间的时间价值。每当做时间记录的时候，我会看到做不同事情在时间价值上的变化，最重要的是，时间价值是可以由自己定义的，可能是受到成长经历的影响，过去我错误地认为自己的价值只能由他人去定义。

剑飞老师在时间统计课程上讲到过这样一点，对我特别有启发——妈妈的时间非常有价值。

过去我觉得育儿只是责任，现代社会对妈妈的要求太高了，稍有做得不够好的地方，包容不一定会有，被骂的情况还真不少。很多全职妈妈的自我价值感是比较低的，大概是因为无论她们多么努力、多么辛苦，都会被视为理所当然，很难在纯粹的家庭工作中感受到成就感。现在我学会了运用长期视角去看待妈妈的价值，因为我们养育小孩，现在的投入需要等到孩子长大以后才能看到成果，育儿的投资回报周期很长。在这个过程中，我们要是没有用长期视角去看的话，就会忽略自己此时此刻养育小孩的价值。

在体育领域，大家比较关注的泰格·伍兹、谷爱凌、张斯洋，他们取得的成绩都离不开父母从小对他们的栽培，在成名之前，没有人会去关注他们的父母，只有在他们取得成就的时候，大家才会纷纷好奇他们的父母所采用的养育方式。

父母在孩子身上的投入所产生的价值，可能要等二十年三十年之后才能被看到，我们应确信孩子的未来具有很多发展的可能性。随着社会的发展、科技的进步，下一代大概率会比我们这一代为社会创造的价值更大。因此，应该相信自己的孩子在未来能够创造比我们高出十倍、百倍，甚至千倍的价值。

当确信孩子未来会比自己更厉害时，我们就不需要等到孩子长大之后才觉得自己有价值。作为孩子的妈妈，我们现在的时间就非常有价值，既然时间那么宝贵，要好好珍惜时间，运用好自己的时间，让时间发挥更大的价值。

在剑飞老师的《时间记录》一书中说：

> 可以用个人年收入除以 2000 小时计算目前 1 小时的时薪，将其当作自己一个小时的时间成本。

计算自己的时间成本是为了让我们能够更好地判断什么事情值得做，什么事情不值得做？关于时间成本既可以用现在的年薪去计算，也可以用未来期望的年薪去计算。用期待的年薪去计算的好处是，我们可以以目标的时间成本作为参考，去选择更能够匹配目标的事情去做。

做长期重要的事

时间是有限的，金钱是无限的。时间是非常稀缺的资源，我们的时间总量是不变的，它无法增多，不管你是否在意，它都是在匀速地流逝。看到这里，请你看一眼此时此刻的日期和时间，把它抄到你看到的那一行文字旁边，你会发现当你抄完之后，这个时间点已经过去了，并且花钱都无法让它再重复出现在生命当中。

剑飞老师在《时间记录》一书中说：

> 如果时间不够用，首先盘点的是什么样的事情可以不做，在不得不做的事情中有哪些是最重要的，在这些重要的事情中有哪些是长周期、在 50 年内依然是重要的事情，要先做这些长周期内依然重要的事情。

如何充分利用不可再生的时间资源是我们应该好好思考的问题。因为时间不会自动让你变得更有价值，只有做长期重要的事情，才会让你变得更有价值，才能让自己的时间增值。

让时间增值的四种方法

1. 阅读

你会不会觉得自己没时间阅读呢？做了时间记录后就会发现，没时间阅读这件事根本不存在，对于重要的事情不存在没有时间，我们可以来玩一个找时间阅读的游戏。

关于早起阅读，我是从 2022 年 3 月开始运用早晨的时间来执行自己的个人发展项目的。哈尔·艾尔罗德在《早起的奇迹》一书中写过一句话：如果将早晨的时间投入个人发展中，我将会充满斗志地开启每一天。因为，每天早晨我都能学习到新事物。这样会让我一整天都变得更加活跃、积极与专注。

早晨是宝妈们学习成长的黄金时间。在家人起床之前，可以把早晨这段自由、宁静的时光用在阅读上。柳比歇夫除了时间统计法之外，还制定了自己的时间守则，其中一条是——把累人的工作跟愉快结合在一起。（参考《奇特的一生》第 187 页。）基于这条准则，我在培养自己早起阅读的这个习惯中添加了"甜头"，这个"甜头"可以是自己很喜欢的事，一件做了心情会好的事，我给自己的"甜头"是敷面膜，下面讲讲怎么用。

早上总是会有不想起床的时候，这时候就可以"套路"一下自己。在睡眼惺忪的时候，跟自己说起床来敷面膜，因为敷面膜是轻松愉快的事情，先骗自己的大脑指挥身体起床，再去阅读，亲测有效。

我喜欢一边敷面膜一边看书，敷面膜是一件让自己很舒服的事情，而且不仅仅是皮肤上的舒服，还是内心的舒服。因为女孩的皮肤是需要保养的，尤其是成为妈妈以后，忙起来很容易会忽略呵护自己的皮肤，所以我把阅读与敷面膜搭配在了一起，内外同时滋养。

阅读本身很愉快，不算是累人的事情，但是确实需要用脑。如果宝妈们想把阅读变得更有趣，可以早起边敷面膜边阅读，我已经坚持100 多天了，你们也可以。

一次性养成三个习惯：早起、敷面膜和阅读。

除了晨读以外，碎片化的时间也可以被有效用于阅读。外出的时候，我们也可以利用碎片化的时间进行阅读。每次出门时我都会带上一本书，在工作日可以提前 15 分钟出门，到公司附近找个安静的地方阅读。如果 15 分钟可以看 15 页书，那一个月差不多能看完两本 200 页的书。如果再加上乘坐地铁的时间，那么可以更快地阅读完一本书。虽然在外面看书的效果不如专门抽时间来阅读好，但总比完全不阅读要好。

2. 语写

语写是极速写作的一种方式，是指通过说话的方式表达思想，把脑海中的思想快速转化为文字。

很多人对语写还不太熟悉，语写是剑飞老师率先在国内使用的一种高效的写作方式，剑飞老师最初只是希望通过语写提高写作效率。我发现美国著名科幻小说家、科普作家阿西莫夫在 1990 年年初病重住院期间也尝试过用类似的方式写作。当时由于他的身体状况不允许他亲自动笔写作，所以他使用录音机口述写作，然后让他的太太将语音整理成文字，最终完成了他的第三本自传《人生舞台》。阿西莫夫当时采用录音的方式写作，再由人工转成文字写成文章，跟语写比较类似。现在不需要手工转文字，可以直接在 App 内实现语音即时转文字。

语写是宝妈成长的好帮手，想语写的时候拿起手机随时都可以开始创作。语写给我带来的帮助包括提高思考力、学习力，稳定情绪及修炼心性等。目前我的语写练习时长已经超过 600 天，输出字数超过 1000 万字，语写是我的生活方式之一。在《语写高手》一书中，16 位语写高手把他们的实践经历做了详细的分享。实际上，语写能探索的空间是无限的，不同的人在语写中会有不同的收获。

我一般会选择在早晨阅读结束后开始语写，把看到的内容在语写里复述一遍，再以点带面地做知识的延展，最后做总结。如果能够讲清楚学到的知识，就证明这些知识已经掌握得差不多了，关键是这个过程能让我养成每日思考的习惯。每天用一个小时进行语写，这是语言表达、思考能力、长期做事的刻意练习，打造了学习的微闭环。

3. 靠近优秀的人

物理接近是指物理上接近自己喜欢的、想要的事物，获得真实的、近在咫尺的感觉，激发自己的内在驱动力。

在阅读《硅谷钢铁侠》的时候，我特别关注埃隆·马斯克如何从"门外汉"逐步成为火箭领域的专家。我发现他除了大量阅读图书，还会有意识地选择物理接近他所感兴趣领域的圈子。

埃隆·马斯克被 PayPal 排挤之后，开始对太空行业感兴趣，他首先选择"物理接近"——举家搬迁到洛杉矶，因为洛杉矶是美国军事航空业和商业活动的中心。

在《硅谷钢铁侠》中，作者这样描述："虽然马斯克并不明确自己要在太空中完成什么项目，但是他认识到只要留在洛杉矶，身边就不乏世界顶尖的航空业人士，他们可以帮助马斯克完善想法。那里还会有很多高素质人才加入他的下一段创业旅程。"

搬到洛杉矶之后，埃隆·马斯克加入了一个圈子——一家致力于火星探索和火星移民的非营利性组织"火星学会"，这个组织里聚集了很多探索太空领域的爱好者和专家。通过跟他们聊天，通过参加他们的活动，埃隆·马斯克可从中获取知识和资源。成长的方式有很多种，我认为融入圈子是十分有效的一种方式，靠近优秀的人，成长会更快。

我在剑飞社群里认识了不少优秀上进的人，群里的小伙伴都是经过剑飞老师筛选入群的。平时这个群很少闲聊，大家都属于低调说话、认真做事的类型，我很喜欢注重有效社交的社群。

2022 年，剑飞老师做了 1000 场直播，他会邀请部分学员在线上做分享，每次都能从他们的分享中有所收获。2023 年 7 月剑飞服务深圳总部开业后，我几乎全勤参加了所有线下课程和活动。在线下活动中，我能够跟他们更多地接触，每个人都有过人之处，线下的交流会更深入，有时候他们分享出来的经验就是我一直都没有解决的问题。

小米创始人雷军在 2023 年的一次演讲中分享了一条他的宝贵的人生经验：

> 99% 的问题都有标准答案，找个懂的人问问。很多人遇到问题的时候，总是喜欢一个人琢磨，觉得自己遇到的问题是独一无二的，而实际上，你遇到的问题很多人都遇到过，绝大多数人都解决了，甚至是有标准答案的，你只需要去问一下就可以了。

物理接近，加入圈子，让我们的成长更轻松、更有动力。建议妈妈们找到适合自己的成长圈，跟愿意长期成长的小伙伴在一起学习，一起变得更优秀。

一个人可以走得很快，一群人才能走得更远。

4. 分享知识

以前我不太愿意做分享，觉得自己没有什么值得拿出来跟大家分享的东西，而且人多的时候我会很紧张，每次表现不好我都会觉得很丢脸。2022 年剑飞老师做了 1000 场直播，我也受邀去做分享。第一次去剑飞老师直播间进行分享的时候，我很在意并且提前一天把分享稿写了出来，以便直播分享的时候不出错。

从剑飞老师身上我学习到，真正的成长是看到更大的世界，怕自己丢脸是因为目光还停留在自己身上，分享知识是把自己学习的收获分享出去，是在送礼物，只有走出小我，把心打开，才能拥抱更大的世界，才能更大限度地发挥一个人的时间价值。

渐渐地，我不那么害怕分享了。每次要分享的时候就给自己打气，告诉自己是语写人，分享是在送礼物，不必害怕犯错，反正天天语写都可以唠叨 1 万字，对外分享就是一次练习的机会。2022 年年底，子容姐在视频号上组织了一场年度主题分享沙龙，由于其中一位嘉宾临时参加不了，我被临时邀请上去做分享，所以当时只是大概列了要分享的内容，没想到自己能在分享的过程感到如此放松，那一场直播的在线人数超过 3000 人。

2023 年，当我在剑飞老师的直播间进行分享的时候，我发现跟语写的状态很像，同学们听完我的分享也都发现我进步了。把分享当作一项练习，无论是用哪一种方式分享，只要把自己的收获、感悟分享出去，就可以让自己获得成长，同时也可以影响别人。

妈妈的成长是给孩子最好的礼物

开始时，我努力学习是希望自己能持续走在进步的路上，并没有期待会影响孩子，但事实上，真的可以用行动影响行动。当孩子每天看到他的妈妈在语写、阅读时，他也会对语写和阅读感兴趣，对学习生发出更多的内驱力。

心理学研究表示："儿童在早期阶段（出生到 3 岁）主要受到家长的影响，这个时期的儿童大部分时间是在家庭环境中度过的。在这个阶段，父母的教育方式、家庭氛围、亲子互动等都会对儿童的发展产生重要影响。而到了学龄期（6岁左右），儿童开始接触到更多的同龄人，朋友关系开始变得更加重要。在这个阶段，朋友的影响力逐渐增强，儿童开始更多地受到同龄人的影响。但是，家长在儿童成长过程中的作用仍然非常重要，他们可以为孩子提供支持和指导，帮助孩子建立正确的价值观和行为准则，从而对孩子的成长产生积极影响。因此，家长和朋友对儿童的影响是一个渐进的过程，而不是一个突然转变。"

从时间维度来讲，小孩比较依赖父母的时间大概是6岁之前。如果在这6年里，我比人生中任何一段时间都努力成长，我自己养成了一些未来受用50年的具有复利效益的好习惯，孩子受我的影响也养成了这些习惯，那这个时间效果是巨大的。

下面一段是某天我跟儿子（4岁8个月）在睡前的一段对话：

妈妈：你知道什么是语写吗？

儿子：知道。

妈妈：那你来说一下。

儿子：语写里能记录你每天做的事情，还有每天让你觉得开心的事情。

妈妈：那你有语写过吗？

儿子：有，语写过很多次，我都是跟妈妈一起语写的。

妈妈：那语写的时候是什么感觉？

儿子：我会觉得自己进入了一个很漂亮的世界。

妈妈：你跟妈妈一起语写是什么感觉？

儿子：开心、快乐！

回顾时间记录，不知不觉我已经跟儿子一起亲子语写超过 100 天了，这是我们一起共创的甜蜜时光。能够跟着剑飞老师学习语写、时间记录的时间，占人生整体时间并不会太长，短期内看学费挺贵，但把这笔费用放在整个人生中看，实际占人生整体支出的比例很低。

选择投资自己，这不仅仅是给自己的未来带来发展的可能性，更可能会影响到我们的下一代。设想一下，如果孩子因为妈妈的影响，养成语写、时间记录、阅读、早起的习惯，以及终身学习的态度，会对他的成长及他的未来创造多少可能性？这样成长起来的小孩未来能为社会创造多少价值啊？

妈妈用有限的时间去影响孩子的成长，孩子未来的发展能够拥有无限的可能，我想这就是用有限去创造无限，让我们跟孩子一起学习去获得长周期的时间回报吧。

这里分享一个引导孩子语写三步走的方法（启蒙年龄参考：3 岁）。

1. 第一步：示弱邀请

我时常会在孩子面前语写，他会很好奇妈妈在做什么。我会简单地跟他解释，因为妈妈想要进步，所以每天进行语写练习，而且每天我都要达到自己的语写目标。有时候白天太忙，当天的语写目标到晚上还没完成，但又得带孩子，我就会跟孩子示弱说妈妈的作业还没完成，想请你帮忙一起写。

那我们就会以对话的形式一起回顾当天发生的事情。可以聊聊当天开心的事情，也可以跟孩子一起复盘当天引发坏情绪的事件。如果我发脾气了，我也会在他面前反思自己哪里做得不够好，进而讨论如何能够做得更好，还可以跟孩子一起制订假期出行计划等。

2. 第二步：增加趣味

我认为启蒙的核心在于抓住孩子的兴趣点。时常邀请孩子进行亲子语写，一旦觉得新鲜感快过了就增加一些趣味，让他觉得语写有无穷可玩的方式，尤其是在孩子年龄较小的时候，用游戏的方式更容易引导。

我儿子很喜欢交通工具，所以，当我们准备亲子语写的时候，我会先点开语写 App 当天的编辑框，然后点开表情图标，让他在里面选择一种喜欢的交通工具。他通常会选择消防车或飞机，如果小朋友喜欢动物就可以选择动物类的。选好之后就可以跟孩子说："现在只要你语写，语写字数越多，这个交通工具（或动物）就跑得越远，语写的语速越快，它移动得越快。"

这种方式让他觉得语写很好玩，他更愿意开口表达。还可以在语写的时候跟孩子一起唱唱歌，一起去观察周围的环境，或者一起傻笑都可以，反正用游戏的状态跟孩子语写，他会爱上语写，会主动追着你要求跟你一起语写。

3. 第三步：以退为进

当孩子觉得亲子语写好玩之后，他就会主动要求一起语写。但我开始觉得，如果一直这样，会影响我语写的练习，并且亲子语写的内容也会跟我自己写的内容混在一起，以后检索起来难度会比较大，因此有时候我会同意，有时候会拒绝，让他心痒痒。通常在这个时候，我会告诉他如果他真的很想语写，妈妈可以帮他注册一个属于他自己的账号，到时候他想写就可以自己写。

当我完成 1000 万字语写目标的时候，孩子有点儿骄傲地跟我说："如果没有我，妈妈的 1000 万字是完成不了的。"听他这么一说，好像也有些道理，毕竟他参与了 100 多天，他说："妈妈写 1000 万字，我也要写 1000 万字。"

2023 年 7 月，孩子开始有自己的语写手机和自己的语写账号，他想语写的时候就自己拿手机写，不想写的时候也没关系，目前他已经独立写了 2 万多字，他语写的内容会跟我日常语写的内容有点儿类似。

他会语写当天的计划、诉说自己的心事、自我反省、自我激励，还会写些段子自己逗自己开心。有一天，我问他自己语写和亲子语写的区别是什么？他说："跟妈妈一起语写感受到爱，自己语写感受到自由。"

倾听孩子语写能更了解他。在语写里孩子会述说他平常不会主动跟我说的话，在语写中他会更真实地流露他的心声，这个年龄的孩子会主动把语写内容分享给父母，因为小孩希望父母能理解他们，关注他们。

2023 年 6 月，我们经历了一次搬家，儿子对熟悉的一切非常不舍，他在 6 月 5 日的语写中写道：

"拜拜，我们的花园！拜拜，我们的水滴广场！拜拜，我们那么舒服的沙发！拜拜，我们那么舒服且大大的家！拜拜，我们那么漂亮的小花！拜拜，我们花园般的幼儿园！拜拜，我们附近的奋斗者广场！拜拜，我的同学！拜拜，我的学校！拜拜，我们家的椭圆机！拜拜，我们的蓝色窗帘！拜拜，我们现在看到的风景！拜拜，我们现在看到的太阳下山！拜拜，我们现在看到的灯！拜拜，我们现在的房间！拜拜，我们现在那么舒服的床！

> Hello！我们的新家！Hello！我们搬过去的椭圆机！Hello！
> 我们办公区附近的花园！Hello！我们在那里看到的风景！
> Hello！我们的新沙发！Hello！我们的新屋顶！Hello！我
> 们的新窗帘！Hello！我的新学校！Hello！我的新朋友！
> Hello！我们的新商场！"

这些内容，其实是孩子在语写里自己疗愈自己，放下不舍，迎接新生活。

用行动影响孩子成为一个爱学习的人，最好的方式是父母本身就是爱学习的人，陪孩子成长不如跟孩子一起成长。我决定要成为一位终身成长的妈妈，当孩子看到妈妈在持续地学习，持续地进步，用行动去影响行动，孩子也会成为特别愿意通过自己的努力去成长的人。

记录生命痕迹，让记忆永存

回忆过去，这种感觉很奇妙，就像在看一场年轻时的自己主演的电影。如果记忆模糊，电影的分辨率会比较低，甚至很多剧情是不连贯的。

不知道大家有没有这种感觉，对于自己的童年、对于过去的记忆，要回忆起来是一件困难的事情，它会随着时间的推移变得模糊不清，变得不再真切。如果没有记录下来，它甚至会像根本没发生过一样、消失了一样。

我很喜欢许知远主持的《十三邀》这个节目，其中有一期是许知远去采访著名漫画家蔡皋老师，有一个场景让我印象很深刻。

许知远准备要采访蔡皋老师，在他们碰面之前，他静静地坐在蔡皋老师居住的院子里等待，阅读着蔡皋老师的一本书，书里有一句话意味深长：

> 时间中的时间，就像有了酒药子的味道。

许知远看到这些文字，突然想起小时候住在大院里的时光，但是很模糊，只觉得过去的记忆好像消失了一样……当他见到蔡皋老师时马上就说，他感觉自己的童年记忆像消失了一样，感觉好惋惜，蔡皋老师跟他讲"那你要去寻找呀！我也是一辈子都在寻找"。

蔡皋老师从自己过去写下的日记、照片里拼命回忆过去，努力抓取自己的"人生切片"。但是由于有限的记录，人生中仍然有非常多精彩的片段没被记录下来，有一些是再怎么努力也找不回来的。如果没有语写和做时间记录，我会不会在二十年之后，像许知远一样，会因为丢失过去那些美好的记忆而感到深深的遗憾，会不会在三十年之后，像蔡皋老师一样，为了要去找寻生命的痕迹，在过去模糊的记忆中苦苦寻觅。

我很庆幸自己现在在持续做时间记录，在"时间统计"App 中，每一段记录都是过去人生的切片，记录中的时间描述是这段回忆的密码。以后不管再过多少年，只要我回顾时间记录、查阅语写内容，这部人生影片就会因为我的记录变得流畅而清晰，使幸福有迹可循。

我很庆幸自己在持续语写，用语写留下生命的痕迹。在语写里写我日常生活中的琐事、写我遇到的困难、写拥抱孩子那一刻的感受，写孩子说爱妈妈就像天上的星星一样那么多、写自己的家属默默在我需要的时候支持我……写下我在生命中要去原谅的、要去接纳的、要去感恩的、要去回味的人和事及要去成长的过程，这是人生的财富。

人生的精彩在于过程

真正的成长在自己，真正的收获在过程。人生真正的精彩在于过程，要去呈现这个过程在于记录。想象一下，当 60 岁的自己，70 岁的自己，80 岁的自己，90 岁的自己，像视频中的许知远那样一个人静静地坐在一个小院子里，阳光洒落，微风徐来，抽出一本自己某一年用语写完成的生命记录册，就这么翻看着，过去的画面就这么透过文字生动地浮现在眼前，会是一件多么幸福的事情，会发现原来自己这么幸福，会发现原来自己这么富有。

不过可能那时候已经老花眼了，那就换个场景。坐在阳台上听着一台 AI 机器人解析我三十年前的语写文字，娓娓道来，陪我一起回顾我生命中那些日常却幸福的瞬间，这个场景会不会很有意思呢？

60 岁、70 岁、80 岁、90 岁的自己一定会觉得现在投资自己是一件非常值得的事情，让自己活出生命应有的状态，让成长外溢到孩子的成长中，让这些被创造出来的真真切切的时光，通过语写和时间记录穿越时空，送到未来自己的手中。

感谢在过去 600 多天里，支持我付费学习的老公、总是给我空间语写的宝贝儿子杨杨、鼓励我活出理想人生的剑飞老师、告诉我"你值得"的子容姐、带领我走进语写的麦老师、陪伴我成长的灵休，还有社群里所有给过我鼓励、一路同行的小伙伴们。我的时间记录、语写里都留下了相关的记录，这段时光很美好，愿大家找寻到适合自己成长的方式，发挥时间的力量。

时间记录，
帮助我 5 年内语写 1 亿字

小奇

作者介绍

小奇，一个在国企工作十多年的普通妈妈，在 30 多岁的年纪，渴望打破一眼看到底的生活状态。在寻找突破的成长路上，通过时间记录的帮助，用近五年的时间完成语写 1 亿字、日均语写 5.5 万字。还开启了每日一篇公众号文章的输出，已经持续更新公众号"小奇之旅"1153 天。在把语写做到极致的同时，成为语写和时间记录的专家。

我的高光时刻

在最近五年的时间里，每天都在力所能及地把语写做到极致。通过持续努力，不断调整时间结构，在语写的第 1770 天达成语写 1 亿字，成为语写领域里写到亿字的第一人。

在完成语写 1 亿字的过程中，做到了每天语写 1 万字，并连续 1372 天；每天语写一个马拉松（42195 字），连续 1117 天；每天语写 10 万字，最长连续 277 天；一共完成了 490 次每天语写 10 万＋字的挑战；最多一天完成过语写 30 万字。

做过的最大挑战

2023 年年底，从工作了十多年的国企离职，走出稳定的工作状态，到深圳创业。

扫描二维码
与作者一对一交流

回顾语写经历

打开我的 2019 年和 2023 年的年度时间报告，把它们并排放在一起。让我惊叹的是，在五年时间里，我的时间结构发生了巨大变化。看到具体的数据，我明白了最近几年的变化是怎样发生的，答案都在时间记录中。

这是时间记录报告中的年度数据总结。在"时间统计"App 中，剑飞老师将时间分成了七大维度：学习成长、工作事业、社会交际、家庭生活、健康休闲、交通时间和睡眠时间，其中还有一些细分。从两幅图中可以看出，变化最大的是写作时间，由 2019 年的342 小时，上升到 2023 年的 2054 小时。中间相差的 1700 多小时是怎样调整的？如何做到的？

我们每个人一年都有 8760 小时（闰年是 8784 小时）。一个人一年的平均工作时间大约是 2000 小时，而在正常工作的情况下，每年写作时间达到 1900 小时，就相当于增加了一份工作时长。

剑飞老师在《时间增值》一书里写道：

> 我们无法增加时间总量，唯一可以做的事情就是调整时间结
> 构，也就是进行时间规划。

做时间记录的前两年，我很难感受到时间结构是如何变化的，但当我看到五年中各个维度的数据是怎么变化的时候，我对时间结构有了进一步的认识。每天把时间花在哪里，是我们可以主观选择的。如果不能清晰地了解时间的属性、时间是怎么划分的、需要坚守的原则是什么，那么很容易让时间消逝掉。

将时间拉回 2019 年年中，做时间记录刚刚几个月的我，看着自己每日的记录内容，感觉记录太枯燥，一天好像除了睡觉、工作、家庭生活外，其他的记录内容都很单调，我在想，这样持续记录下去，生活真的会有变化吗？

1. 2019 年，时间记录让语写时间变得稳定

2019 年下半年，我发现自己经常在晚上语写，带着强烈的困意，挣扎着完成语写。这样的状态持续了一段时间，在一次看时间报告时，我意识到自己白天有很多可以利用的时间段，语写经常在晚上完成，说明我没有做到优先完成重要的事。

盘点自己的时间，我将语写时间锁定在了中午午休时间。

结合剑飞老师提到的"稳定是高手的特质"，默默和自己约定，除非特殊情况，语写尽量在午休时间完成。在那之前，午休时间我经常外出溜达或和同事闲聊。但从那时起，每天午餐后，我都会到固定的地点语写。2019 年我的语写状态逐渐稳定，1 万字的完成时间也渐渐稳定下来。

2. 2020-2021 年，时间记录帮助我找到更多自由的时间

（1）看得到远方，才能让行动持续不断

2019 年 10 月，剑飞老师在上海举办了时间记录线下会。剑飞老师解读了"自由才能创造"这句话的意思，这是剑飞老师的经典理念之一。语写社群的基本要求是每日 1 小时语写 1 万字，如果把每日语写变成 5 万字，那么 1 年语写的总字数等同于 5 年日语写 1 万字的总字数。如果 1 年干完 5 年才能做完的事，那么就相当于节省了 4 年的时间。这 4 年每天多出的 1 小时，可以用来创造。这就是从时间中创造出来的财富。虽然当时我听得云里雾里，但强烈感觉到这是很有价值的内容。从那之后，我对语写字数的提升开始有了新认识。

我决定每日语写 3 万字，当时语写社群中厉害的伙伴已经可以做到，并持续写了很长时间。一个人能做到的事，其他人也可以做到，于是我跃跃欲试。但很快就打起了退堂鼓，又重新回到日写 1 万字。大概过了两个月左右，剑飞老师的一次留言，让我意识到我需要做出改变。

在那段时间，我阅读了剑飞老师要求时间记录社群伙伴必读的一本书——《奇特的一生》。我看到了柳比歇夫使用的一个方法，循着自己的能力边界做事，能力边界就会不断扩大。受到这个内容的启发，我有了一个初步的计划，一次少量提升语写字数，待稳定后，再少量提升。

（2）循序渐进地前行

我开始探索，经过一个月的尝试，我发现每天多输出 5000 字，对我来说，是可以完成的。就这样，每隔几十天，待语写状态稳定了，我就在原字数基础上再提升 5000 字。在这期间，我把年初设

定的完成 1000 万字的年目标再次拿出来，仔细核算好时间，看到了实现的可能。到 2020 年年中时，我已经能做到每天语写 3 万字。但中午的午休时间已经不够用了，熬夜语写的情况频繁出现。

我继续看自己的时间记录，发现早上的时间可以利用起来，不过需要养成早起的习惯。那时我每天早上六七点起床，我反复盘算着语写字数和每天的时间安排，发现如果不利用好早上时间，在语写字数逐渐增加的过程中，想要做到数量稳定，是一件很难的事。

养成早起的习惯成了那段时间的重点，但习惯的形成需要时间、毅力和耐心。用了近半年的时间，我也没能把早起的习惯稳定下来。那段时间，我不断调整作息，在"晚睡—早晨起不来"的情况下挣扎了很长时间。当时的我在挑战每日语写 4.3 万字和日更一篇文章。

（3）早睡早起习惯的养成

到了 2021 年 1 月，我决定每天早上 4:30 起床，尽量稳定早睡时间。同时，也和自己再次约定，不论晚上是否睡得晚，早上都要早起。经过一年的磨炼，早起真的成了我的习惯之一。之所以会下定决心，一是体会到了时间的紧迫感和熬夜带来的苦恼；二是在阅读了《自律给你自由》后，受到作者早起习惯养成的激励。

2021 年每天早上上班前，我会完成语写 5 万字，早起定投语写的习惯一直保持到现在。从时间记录数据中获得的信息是，这一年我的语写状态很稳定。数据反映行为，行为改变数据。从 2019 年到 2021 年年末，在语写字数逐渐提升的过程中，语写时间也由不稳定变成了趋于稳定。

3. 2022–2023 年，语写突破年

2022 年年初，我又打破了 2021 年每日语写 5 万字的稳定状态，

增加到了每日语写 6 万字，两个月后，又提升到了每日语写 7 万字。到了 2022 年 5 月，字数增加到了每日语写 10 万字。

这一年的变化是快速的，源于前面三年一直在打基础和循序渐进地提升，同时社群的氛围也让我打破了之前稳步提升字数的方式，进行了一次大胆突破，由日写 7 万字直接上升到 10 万字。每天多出的 3 万字，要放在什么时间里完成，这对我来说是个挑战，因为感觉已经很难再找到可以利用的时间了。

不过，越是感到不容易，越能在这个阶段找到新的突破口。我把睡眠时间之外的所有时间做了地毯式的排查，尝试寻找可以使用的时间，结果真的找到了。发现了一些碎片化时间，也看到了几个整块时间。

这些时间在过去是被我完全忽略掉的，从这里我看到了，原来我们会不自觉地忽视一些时间，自己却并不知晓，这是因为对时间的需求还不够强烈。每天语写 10 万字是高强度的训练，对每天的时间安排有很高的要求，对稳定性的要求级别也同步上升了。

每日语写 10 万字，需要有巨大的决心、坚定的信念和不断突破的勇气。带来的隐形财富是拥有强大的内核、个人综合能力的磨炼和提升，以及笃定的底层信仰，这些是想要做成任何事所必须具备的。

各个维度的数据要遵循的原则

一天 24 小时，不可能只做一件事，时间记录中的 7 个维度，需要保持平衡，生活在保持相对平衡的状态下才能更好地运行。

随着语写时间的增多，同步也需要调整其他维度的时间。那么其他维度的时间是如何调配的呢？怎样才能在保证生活稳定的前提下，把一件事做到极致呢？

我的时间记录习惯的形成过程也同样遵循了循序渐进的方式。在记录初期，只能关注一两个维度的数据，然后慢慢增加，再之后做一天时间的规划，让各个维度的时间分配相互配合。

下面说说我对每个维度数据的觉察，以及各个维度需要遵循的原则。

1. 阅读时间

做时间记录之前，我有阅读的习惯，认为每天都有阅读时间，所以在拿到第一个月的时间报告前，对自己的阅读时间很自信，心想怎么也得有 30 小时吧。但实际的数据是，2019 年 3 月的阅读时长为 5 小时。这是我第一次认识到，感受和实际情况的差距居然可以这么大。在数据面前不要相信感觉，感觉不靠谱，要相信数据。于是心中感叹，过去有多少自以为是的感觉在蒙骗自己。

对阅读情况有了清晰的认识后，我开始留意生活中是否有时间给阅读。《奇特的一生》中还介绍到，柳比歇夫会利用碎片化时间进行阅读。我也可以学习这种方式。从那时起，我的背包里随时都会装着一本书，这个习惯一直保持到今天。

再之后，在《时间记录》一书中读到了剑飞老师提到的一个原则：整块时间要像财产一样保护起来。原来利用碎片化时间阅读是利用时间的方式之一，更好的办法是集中整块时间阅读、写作或做重要的事，这样注意力更集中，效率也是最高的。

2. 生活事务

在时间记录中，生活事务时间属于消费时间，要尽量减少或外包出去。时间记录的原则带给我的思考是，如何把它们落到实处。我结合自己的实际情况，找到的解决办法是，提高做家务的效率，和家人配合，以此来降低在生活事务方面的时间消耗。比如把家中三年内都没有用到的物品进行大清理，这样可以减少重复收拾物品的时间。当时我经常想，家务活怎么干，才能既快又好。我会把想到的方法在生活中进行实践，在大脑中做第一遍的构思，然后在行动中实际操作。

不断调整生活事务时间的结果是，2019 年花在生活事务上的时间是 1036 小时，到 2022 年变成了 572 小时。行为的调整和变化需要一个过程，不是突然做到的。

3. 交通时间

交通时间也属于消费时间，能砍则砍，这是剑飞老师经常提到的原则。虽然交通时间不能完全消除，但要在尽可能的情况下降低交通时间的产生。

对于交通时间，我曾纠结过，因为工作地点距离家比较远，每天的交通时间将近 2 小时。综合考虑当下的情况，在暂时不能减少交通时间的情况下，选择了利用交通时间进行写作或阅读，这也是受到柳比歇夫的启发。

把其他维度要做的事情和交通时间结合在一起，是把两件事重叠在一起完成的方式，有助于提高时间的利用率。当然，如果下班时有疲惫感或困意，也可以利用交通时间进行休息，这也是不错的选择。

4. 餐饮时间

在家庭生活的维度里，设置了三个部分，包括餐饮时间、生活事务和陪伴家人。我的餐饮时间开销近两年趋于稳定，2019 年的餐饮时间是 270 小时，2022 年的餐饮时间是 222 小时。别小瞧这 48 小时的减少，相当于每天省出 7 分钟。7 分钟可以阅读约 7 ～ 14 页书、语写约 1400 ～ 2800 字。

长期做时间记录的伙伴，对时间都较敏感，因为能看到每天的时间花在了哪里，自然会思考如何更好地调配时间，哪怕是几分钟。

5. 陪伴家人

陪伴家人的时间属于要保护的时间，根据人生所处的不同阶段，陪伴家人的时间要做出相应的调整。如果孩子年龄偏小，那么给予陪伴的时间需要增多。保持的原则是，要预留出陪伴家人的时间，即使在很忙碌的情况下，也要这样做。可以把陪伴家人看成是投资，因为关系是一个人生命中很重要的部分，尤其是家人。

随着我语写字数的增多，也遇到了这个困扰，就是陪伴家人的时间有所减少。要想调整好，需要一个时间周期才能做到。后来我采取了接纳的态度，把每天争取多一些陪伴家人的时间看成是一个需求，努力让自己稳定这部分时间。

6. 睡眠时间

睡眠时间包含晚上的睡眠时间和午休时间。关于睡眠时间，剑飞老师在《时间记录》一书中说：在正常状态下，一个人每天的睡眠时长要保持在 24 小时的 30% ～ 33%。同时保持早睡早起的习惯，身体更健康。

我这几年的睡眠时长是越来越少的。这和我不断挑战语写字数有关系，生活平衡在一次次被打破后，需要重新稳定。在这个过程中，通过数据和睡眠状态的反馈，我摸索出了自己睡眠情况的规律。平均每天睡足 6 小时，第二天的精神状态就很不错。我努力让自己每天的睡眠时长稳定在 6 小时左右。

午休时间通常在半小时，这也是通过日常的数据获得的反馈。在很多书中也看到了关于午休时间睡多久更科学的内容，通常是在 30 分钟左右。

7. 社会交际

社会交际包括线上和线下，线上社交时间归在社交网络标签中。社交时间分配的多与少，也要根据人生的不同阶段来设定，同时还要看是有效社交还是无效社交。

我在 2019 年的社交时间相对较多，在做了时间记录后，对社交时间的属性有了新的认识。过去一直认为这部分时间可以看成是学习的一部分，因为我的社交时间有线下学习的内容。做了时间记录，我才意识到这部分时间并不是真正的学习成长时间。

对一个问题有了清晰的定义，并知道自己在这个阶段真正需要的是什么，就知道要如何选择及如何分配时间了。在后面几年的时间里，根据自己的实际情况，我减少了社交时间，把空出的时间投入学习成长中。

当然，在人生的不同阶段要有不同的选择，在知识储备到一定阶段后，可以根据自身的需要，增加相应的社交时间。

8. 健康休闲

健康休闲包括休闲娱乐和运动时间。我的休闲娱乐时间和运动时间相对较少，不过每天都会有休闲娱乐时间。因为这是帮助自己更好地休息、调整状态的时间，不能完全没有。在《时间记录》一书中，剑飞老师给的建议是，每天保证有 2 小时的休闲时间是正常的需求。

休息可以分为主动休息和被动休息。主动设计休息时间是最合适的。比如周末给自己一个艺术家之约或看一场喜欢的电影，放松放松心情。运动是投资行为，可以让时间延长。这几年我的运动习惯并没有稳定下来，但运动意识始终在提醒自己，多运动，保持健康状态。

9. 工作事业

在工作事业方面，最好的方式是把兴趣和工作结合在一起，成为自己的事业。这是每个人一年中要投入较多时间的维度。事业一直朝着一个方向发展，在时间轴上，就能看得到它的成果。

分析和整合

1. 单个维度的分析和综合分析

各个维度的数据并不是独立的，它们是一个整体。在记录时间初期，可以分开看每个维度的数据，刻意练习。一年后，即可将各个维度的数据综合在一起进行分析。

分析和整合的目的是了解自己的行为方式，进一步做出调整和优化，据此做出对未来的规划和预测。在分析和整合环节，一定离不开德鲁克先生的反馈分析法。

反馈分析可以按月度、季度、年度反馈，也可以以天为单位给予自己反馈。在"时间统计"App 中，有每天的时间总结，其中包含了各个维度一天中的时间总量和占比。能做到日反馈，每天一个小调整，那么一年下来就有了 365 次的微调，在时间轴上慢慢积累，就会形成不小的变化。

柳比歇夫每个月都要专门拿出约 3 ～ 5 小时的时间，进行月度分析，中间要计算各种数据。而我们在每个月做月度分析时，因为在"时间统计"App 中有专门的月度时间报告、季度时间报告、年度时间报告，而且是从多个角度给出的数据展现，所以做时间分析就变得特别方便。

2. 时间报告

我每个月会做一次月度分析，数据来源就是月度的时间报告，做月度时间分析已经坚持了三年多。从数据中可看到自己在每个维度上的时间开销情况，前文写到的关于语写、阅读和其他维度的调整，依据就来自时间报告中的数据反馈。

做时间分析，越频繁越能建立对时间的感知。在月度时间报告中，有一项内容是每个维度月份数据的时间分布图。2020 年，我看到我的某一个月的写作时间分布图，发现图中语写的时间分布很混乱，感觉一天中很多时间都在语写。当时内心就有个想法，想让这幅图看起来更好看一些。这个念头的产生，来自对时间分配的不满意，数据以图形的方式呈现出来，能让人更明显地感知到哪里需要调整。

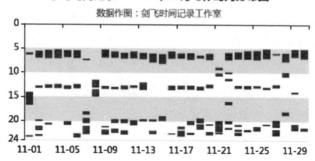

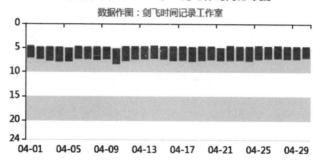

在时间报告中，还有一个关于时间段的内容。在一个月中，一个维度共有多少个时间段，天数是几天，占比是多少，都有数据的呈现。这个内容能反映出什么呢？如果一个月的写作时间段是 210个，写作天数是 30 天，占比是 100%，说明这个月每天都有写作时间。还可分析平均每天语写有几个时间段，时间段的分布是否是稳定的。通过简单分析就能看到自己语写时间可调整的空间。

上面的说明只是从时间报告中选取了两个方面的内容。时间数据的分析，可从多角度、不同的形式和方式入手，从而清晰地看到数据背后的行为方式。

看到数据背后可调整的部分，进而就会促使行动发生变化。在数据中也能反馈出，之前做出的预测和实际情况是否一致。长期这样预测、分析、调整，就能从客观的数据中更加了解自己，对预测未来会有很大帮助，越了解自己，对数据预测就会越精准。

3. 重视分析

在语写字数不断攀升的这几年里，什么时候提升字数？在已经感觉没有时间的情况下，怎么又找到了时间？状态不好的情况下，如何通过数据的反馈，尽快调整状态？语写和其他时间发生冲突时，又是如何快速重新做出时间安排的？这些都是在回顾和分析时间的过程中慢慢获得的能力。

经常看时间记录数据，不断反复做分析调整，能看得到的时间就会增多，调配时间的能力就会越来越强。

规划和预测

分析时间记录，可以帮助我们学着对未来做规划和预测。

1. 一件事的规划

练习规划时间的能力，可以从规划一件事开始，如成长的基本选择：语写或阅读。

先从完成短期目标开始练习，根据完成的数据做反馈分析，然后做出调整。比如早上的语写，我会第一时间做出安排，早上一共要完成的字数，截止时间是几点。

中间再进行细分，如每 30 分钟要完成的字数是多少，由此推算出每分钟完成的字数。这项练习我每天早上都会做，当到了截止时间，能清楚地知道是否完成了预期目标。中间的细分，是为了保持注意力的集中。随着练习次数的增多，计划的完成程度自然越来越好。这也能提升完成这件事的自信心。

回顾过去五年的时间，在不同的年份，因做一件事的能力在发生变化，对它的规划及时间调配自然也在不断变化。语写第五年每日完成 10 万字，回看语写第一年每日完成 1 万字的状态，知道自己有很多可以使用的时间，可在当时却不知；回看语写第三年每日完成 4.3 万字的状态，那时觉得每天写 4.3 万字好有难度，但现在能很清晰地看到那个时期可优化的时间在哪里。

2. 一天的规划

一天的规划练习，可以在早上的语写中完成。把每个时间段要做的事情列出来，并说出每个环节的关键动作，说得越清晰，对白天的行动越有指导意义。如果没有规划好一天要做的事，时间很容易蹉跎过去，只是被动地在接受工作或生活中的事情。

规划带来的是节奏感，了解一天要做多少事，按重要程度排列顺序，遵循要事优先的原则，把重要的事情放在前面完成，对整体时间的把握会更从容。如果规划的事情没有完成，分析是不是安排的事情太多了，还是对自己的能力评估太高，这时可以做减法。还有一种可能，所做的事情处在突破自己能力边界的过程中，如果没有完全达成计划，感觉有些吃力，这时反而需要克服困难，不断找寻更合适的办法一步步突破。所以要具体情况具体分析。

3. 周规划和月规划

从一周七天的时间段中，能看到的时间长度稍长一些。七天是一个整体，周规划的练习可以更好地帮助做更长期的规划。在"时间统计"App 中，可以调取周回顾数据。

2020 年下半年，我开始做月回顾和月计划，当时还没有重视周回顾和周计划。在某一个月快结束时，我意识到这个月某一维度的数据和预期差得较多，我很想做调整，但是剩余的时间已来不及了。从那时起，我才重视起周回顾，它能让我提前了解整月的进度，便于做出快速的调整，而不是等到月末才意识到有些事情的进度慢了许多。

月回顾对了解整月的时间开销情况有非常大的帮助，可很好地检验在一个月里，做了哪些事情，是否和预期相符。月底适合做总结，总结后才能进一步知道下个月的安排以及要做出的调整。

4. 年度规划和更长期的规划

记录时间、分析时间和规划时间，这三个步骤可以放在一件事、一天中练习，也可以用来做年计划，甚至未来的长期规划。如果做时间记录的时间超过了一年，那么通过对过去一年的时间分析，对第二年的全年计划就会心中有数。因为第一年各个维度的总数据都在年度时间报告中，在分析数据时，看看自己对每个维度的数据是否满意，有没有想要调整的部分。

一年的时间是 8760 小时或 8784 小时，要从七大维度做出时间划分。如果想在下一年增加某一维度的时间，就要从其他维度中减少相应的时间，因为时间总量是固定的。这就带来了思考，在一年中，哪些事情是重要的、是想做的，最好能指向一个方向。

过去的数据能让我们思考未来，同时也能从数据中发现未来。如果一个人愿意在一件事上投入大量的时间，说明对这件事是感兴趣并且喜欢的。

做时间记录五年，就会对未来的五年规划有感受，因为看到了过去五年的成长经历，对自己成长中所经历的阶段、各项能力的变化、遇到的各种风险、自己的执行力、各种状态的把握等都有了具体的认识。把五年当成一个整体来看待，能形成看向未来五年的视角。这是在锻炼自己拥有长期视角的能力，以便能做中长期的规划。

如果对未来暂时看得还是不清晰，就把当前在做的事情尽力做到极致，同时保持写作和阅读习惯。坚持几年，未来的方向就会变得逐渐清晰。

如果已经找到了未来的发展方向，当前在做的和计划做的事情，就要指向这个方向。可以用倒推的方式，帮助自己拆解计划。

成为你想成为的人

做时间记录和语写的这几年，我锻炼出了很多项能力，像规划时间和调配时间的能力、设定目标和开启行动的能力、拆解目标的能力、思考力等，这些是做任何事情都需要的底层能力。除了这些，无形中还获得了想要坚守的原则和理念。

1. 理念一：把力所能及的事情做到极致

剑飞老师在《时间增值》里写到了"把力所能及的事做到极致"这个理念。读到它时，我意识到自己在这几年的语写过程中，一直在坚持这个理念，我在努力把语写力所能及地做到极致。而时间记录正好把这个过程用客观的数据记录了下来，它给我的反馈是，检验自己在不同阶段是否做到了能做到的极致。

这个理念的背后还包含了有没有勇气不断突破自己的舒适区。

其中的力所能及代表了在不同阶段的力所能及，也就是不断打破自己的能力边界。

2. 理念二：稳定是高手的特质

做一件事是否稳定，在时间记录的数据里体现得非常明显。每个月是否 100% 地做到了，做到的程度是否也是稳定的，能力边界提升后的稳定又是否能继续保持。稳定既是短期做到，也是长期做到，长期的稳定需要有坚定的信念和自己的原则。

稳定中还包含另一个原则，就是信守承诺。做成一件事需要将事情拆解成小目标，每个目标的达成，背后体现了信守承诺。我在语写过程中，为自己设定了每日完成的语写字数，同时把每日的字数又拆分成不同时间段内要完成的字数，尤其是早上的语写定投，被我视为检验是否信守自己的承诺的工具，每一天都在磨炼自己信守承诺的决心。

长期稳定地做一件事，是在培养自己成为一个长期主义者，这必然要保持持续的热情。

3. 理念三：自由才能创造

"自由才能创造"，这个原则对我影响很大。很多时候，没有明白做一件事的意义和价值，很难行动。即使看到了一件事在未来会带来的潜在价值，也仍然需要经过长时间的实践，才能理解其真正的含义。每天要做的就是行动、持续行动。

在行动中，让我看到了这个原则其实是富人思维。这个原则和我过去看待时间的方式有很大差异，改变了我对时间的认识。如果时间只用来交换，那就大大浪费了宝贵的资源。自由才能创造，是在告诉我们如何把时间资源放大，语写不断突破的过程教会了我一种新的关于时间的思考方式。

前面提到的理念和原则是在这五年中逐渐被我纳入生活中的，它们在我语写的路上起到了非常关键的作用。这一路的练习，也让我把这些理念和原则由一开始的尝试，逐渐转变为笃定的信念。在时间报告的数据里，尤其是年度数据，能看到它们存在的身影。虽说是无形的信念，但是在行动中完全能体现出来。

每次的数据反馈和分析，都是在检视是否真正落实了这些理念；每次的计划和预测，又是在将这些理念进一步推进到生活中。对理念和原则的选择，其实是价值观的筛选，也就是我们想成为怎样的人。

在实践中不断地用这些理念指导自己时，我们的时间已经在增值，因为这些是有价值的思想。

4. 时间记录的价值

时间记录的价值，只有在做事时才能体现出来。把一件事做到极致，时间价值才会被充分挖掘出来。

我常常问自己，如果没有时间记录的帮助，我能把语写的极限坚持下来吗？我的回答是坚持不下来。

即使能做一段时间，但长期稳定做成一件有难度的事情，需要对自己很了解，知道自己做事的状态、效率，一天中所有的事情都要统筹安排，还要防范风险，遇到各种状况或困难时要想方设法找到解决方案……如果对时间把握不好，没能及时给到自己反馈，稳定性就会受到冲击，一时的状况还可以应对，但想长时间做到，难度就会增加很多。

时间记录会让一个人变得更有底气，对自己做事有更充分的把握，知道自己的能力边界在哪里，什么事情能做，什么事情不能做，从而做出合适的选择。

语写 1 亿字是一个字数，过程中对自己的磨炼才是重点。磨炼出来的能力、夯实的信念在未来的人生路上起的作用才是最宝贵的财富。

在时间里构建正向生活的
人生秩序

咏梅

作者介绍

咏梅，妈妈轻创咨询顾问，"妈妈三种时间"理念倡导者，沐爱之光品牌创始人。

职业生涯规划师，千万字语写达人，时间记录践行者。经历过职场妈妈的痛，全职妈妈的苦，自由职业妈妈的艰难，创业妈妈的挑战，从 0 到 1 构建"育儿、成长、创富"三圈交集的妈妈事业。

发起"妈妈三种时间"社群，倡导"早起自我成长，白天价值实现，晚上亲子陪伴"的妈妈正向生活理念，助力数名妈妈活出"家庭、个人、事业"多维度的幸福状态。

我的高光时刻

曾经的我在互联网领域深耕 10 年，从事企业软件项目的大客户销售与管理工作。那时努力工作换来了不错的业绩，从 0 到 1 搭建了千万元营收的顾问式销售团队。从一名每月底薪 1200 元的电话销售人员到月入数万元的大客户销售经理。历职公司各个重要业务岗位，也拿到过上市公司销售总监的 offer 和股票期权。

做过的最大挑战

2020 年因亲人病故，两岁女儿无人看护，我被迫成为全职妈妈。巨大的落差，让我不安、不愿、也不甘。

我开启了一场妈妈生涯抗争之旅。历经过职场妈妈的痛，全职妈妈的苦，自由职业妈妈的艰难，以及创业妈妈的挑战。

在"0 资源、0 背景、0 专业基础"的背景下，创建了"沐爱之光"亲子教育品牌。通过"读万卷书，行万里路"的教育文旅事业赋能多位妈妈走出一条"育儿、成长、创富"三圈交集的妈妈事业。

扫描二维码
与作者一对一交流

时间是世界上最公平的资源。

时间是我们人生最珍贵的资产。

时间是馈赠给生命最好的礼物。

一个婴儿呱呱坠地之时，时间的刻刀就会为其生命留下痕迹。我们的生活之门就此拉开序幕，迎接我们的是混沌、焦虑还是有序、精彩呢？

我已无法从生命之初感知童年的生活，对职场奋斗的奔驰人生也有点儿模糊，而我却深刻记得成为妈妈后，时间带给我的一片混沌。作为一名"家庭、个人、事业"都想要的贪心妈妈，常常在左手带娃、右手创业的生活平衡的舞池中旋转，也在前脚奔学习之路，后脚踏家务之门的忙碌中跳起探戈。此刻恨不得化为生活的千手观音，把世间的杂乱统统收掉。我知道对每一个想要努力活出精彩的妈妈，特别是"家庭、个人、事业"都想要的"贪心"妈妈，平衡时间的挑战就是最大的挑战，大多数的焦虑也源于对时间的焦虑！

这是我一年前所面临的问题。

如今我已跟随剑飞老师学习了时间管理体系，语写千万字，持续时间记录近 600 天，我探寻到了一些答案。本文分享我的时间探索故事，总结一些心得，助你跳出时间的混沌，构建正向生活的人生秩序。

妈妈三种时间，一种正向生活的人生秩序

1. 真正的力量是真实生命被唤醒的力量

2020 年，疫情之下，我被迫成为全职妈妈，开启了妈妈职业生涯

的探索。历经 6 年的妈妈职业生涯探索实践，我总结出妈妈三种时间的时间理念。

把自己一天可用的时间分为三段：早起——自我成长；白天——价值实现；晚上——亲子陪伴。

早上，是专属个人的成长时光，阅读、写作、跑步等，做自我成长相关的事情，向内成长。白天，是和社会链接的价值时光。跟同频的人沟通交流，团队工作、用户服务分享，做对外价值传递的事，向外成就。晚上，是回归家庭的幸福时光。和孩子一起阅读、运动、游戏、玩耍等，做亲子陪伴的事，幸福滋养。

这是一种时间分配方式，也是一种生活节奏，更是保持自己幸福状态的时间规律。影响幸福感的最重要因素之一是"关系处理"，而在"妈妈三种时间"生活状态中，有自己、有他人、有家庭，代表着"自我的关系、社会的关系、家庭的关系"这三种对妈妈最重要的基本关系。

李一诺老师说："真正的力量是自己真实生命被唤醒的力量"。"妈妈三种时间"就是我想要的真实生命状态，也带给我成为妈妈、成为更好的自己最大的力量支撑。2022 年 3 月，我发布了妈妈三种时间 IP 计划，开启了"妈妈三种时间"公益社群，希望对自己，身体力行；对他人，价值传递，陪伴妈妈们活出一种正向人生的生活状态。此举收到许多正向反馈，也经历了无数困顿。

2. 妈妈的挑战，是时间的挑战

2022 年 6 月，遇见剑飞老师时，我内心弥漫着浓浓的时间焦虑感，因为真正践行好妈妈三种时间很难。

早起，自我成长的"生长感"不足。大部分时间我的确在做思考、写作、阅读、课程学习等自我成长的事，但总感觉哪里不对劲儿。比如一直心心念念的"持续阅读"做不到。仔细推敲大部分的思考、写作、课程学习等，这些都很"功利"地指向白天的工作，有时候傻傻分不清花费的这些时间到底算工作时间还是真正的成长时间。深度链接的成长感严重不足。

白天，价值实现的对外成果不够。白天做了许多事，却总未见明显成果。感觉付出和实际收益不匹配，就像使劲儿种地，却收成不足，导致自己开始怀疑这条创业道路是否能继续。

晚上，亲子陪伴的"幸福感"不充裕。一直倡导妈妈们无论再忙晚上一定要有亲子时光的享受。同时秉承 60 分妈妈万岁理念，也并不要求自己将晚上所有时间都投入陪伴，有亲子阅读保底即可，但还是有种莫名的歉疚感。

还有许多现实难点，我陷入了一场短暂的"时间焦虑"。

2022 年 6 月，我偶然从朋友直播间听说了剑飞老师，蹲守了一段时间他的直播，了解到这位被同学们称为当代柳比歇夫的神人。他持续不间断地进行时间记录 10 多年，开发了"时间统计"App，助力万人进行时间记录，更是在 10 年时间中发生了普通人生命级的成长跃迁。他从零开始创业，独创了剑飞语写体系，开发了多个 App，写了多本图书，有千本书的阅读量，还有各种兴趣爱好研究，是极致的时间理论研究者和践行者，却还是重视家庭、常常遛娃的奶爸。这里究竟有着怎样的时间秘密？

调整时间结构，跳出生活的混沌

剑飞老师在《时间增值》一书中说：普通人让时间增值的方法就是

时间结构的调整。本质上，"妈妈三种时间"就是一种特别适合妈妈阶段人生状态的时间结构。只是时间结构的调整并非朝夕而成，"妈妈三种时间"的践行也绝非朝夕就能看到效果，值得长期探究。

1. 自律，是遵循自己的时间节奏

真正的自律不是一定要逼迫自己在什么时间里完成什么事。

作为全职照顾女儿的妈妈，女儿的作息基本刻印妈妈的作息。虽然亲子陪伴是必修课，平日我几乎不熬夜，但有时白天效率不够高，原计划的任务没完成，会忍不住被"事"牵引，熬到深夜。记得一天晚上，秉承今日事今日毕的信念，手里一份稿子没完成，熬到十二点多，回到卧室看见女儿眼睛已经睁不开了，还在等妈妈给她讲故事。

而我发现这份看似自律的坚持换来的结果却不尽如人意。第二天原本常规五点起床的我，一觉睡到六七点。女儿也因起晚，不能在幼儿园吃早饭，我多了做早餐的生活事务时间，缺少了日常早起"阅读、语写"的成长滋养时间，最后女儿上学依然迟到。等我收拾完一切后已经上午十点。突然发现：昨晚写好的文章还没发！苦笑一下。

一个小行为打破了我的作息生态系统。一两次的打破或许只会带来一些看得见的苦恼，如果经常打破，就会陷入时间的混沌。如果把熬夜写稿的时间放到正常早起时间，不仅这些负面效应不会发生，稿子肯定也按时发了。

真正的自律是遵循适合自己生命状态的时间节奏，力所能及地做事。

我们谈到自律，常常会有一种压迫感，但如果换一种思路，重新思考自律就会不一样。从逻辑上讲，如果时间不变，做的事情不变，

只需把事情放到对应的时间块中完成，就像一个齿轮咬合另一个齿轮，事件和时间相辅相成，两个齿轮咬合得越好，紧密度越好，时间飞轮就会转得越快，时间节奏感就越好。

与其有压力地自律，不如遵循自己的时间节奏。时间节奏背后是生活的节奏，是一种生命状态。一个时间节奏感好的人，不一定能在短时间内赚到多少钱，但生命状态一定不会差。

2. 以时间为锚，不因事而困

我们听惯了各种时间管理的方法理论，常常陷入围绕目标清单划钩的漩涡。但有时候无论多努力，永远有打不完的钩，做不完的事。当以"事"为生活导向时，人为事而活，容易陷入事的囹圄。

做事是非常重要的，在做事的过程中真切感受生活、创造价值，在做事的过程中成长，但不能因事而困。比如我之前常常因为过于专注工作而忽略家人的感受。周末，先生为家人做了一顿可口的饭菜，当先生叫我午餐时，我因为手里的事还没有收尾，被一催再催，饭菜连着他的心情从热气到冷气到生气。从老公一个人的生气到女儿的生气，再到全家人的生气。这就是缺乏时间界限，陷入事件的囚笼。

不因事而困的最好方式就是"以时间为锚"，做事的时候一定加上时间维度的考虑。时间是一把特别好的衡量标尺，它客观恒定，不生不灭，带着这种觉知，认识时间的价值，人生态度也会迥然不同。

事前预估一件事大概需要多长时间完成，事后评估实际投入和预期时间的差距，从而更好地计划为下次事件安排的时间。比如启动一件事后，如果没有完成是否需要增加时间。如果增加，增加多少时间不会对其他事件造成影响。哪些事件的时间可以被取缔，哪些事件的时间必须誓死捍卫。

做事离不开时间，就像鱼离不开水，时间是事件生存的空气！

没有空气就没有生命，就没有对时间的考虑，事件就存活不了。

一旦明白了事情和时间的关系，生活中的许多困扰就会迎刃而解。利弊如何取舍，什么时候该努力冲刺，什么时候可以放弃，什么事情是当下要事，对想要完成的目标梦想如何设置合理期待等，皆有度量。在合适的时间做合适的事，用自己的时间节奏弹奏生活的音符。

3. 时间记录，在现实中创造梦想

找到自己的时间节奏和时间锚点，了解自己的时间使用是第一步，最简单有效的方式则是做时间记录。彼得·德鲁克在《卓有成效的管理者》一书中说，要了解时间是怎样使用的，从而管理时间，我们必须先记录时间。《奇特的一生》中的主人公柳比歇夫，其一生取得奇特成就的秘密就是独创了时间统计法，记录时间、分析时间、消除时间浪费、重新安排自己的时间。

剑飞老师在《时间记录》中说："时间记录是把一个人每天的时间使用，通过场景划分数据化地记录下来，进而对自己每天的时间使用情况有一个客观的数据化认识"。我们能看到过去的时间真正去哪儿了，才知道未来的时间要到哪儿去，且越全面越有效。

剑飞老师的"时间统计"App 没有"暂停"功能。因为生命不会暂停，时间也不会暂停。什么时间段，跟什么人，在什么地方，做了什么事都客观地记录下来。和许多时间统计新手一样，我曾不明白为什么要事无巨细地、24 小时地进行记录，后来慢慢觉知：生

命是如此客观真实地存在，存在即留痕，存在即价值。

朋友圈、视频号、写作等记录固然精彩重要，但如果只记录生命中的"精彩画面"，那些未被记录的场景会形成巨大的时间黑洞，带来许多不自知的困扰。将 24 小时进行客观记录，也是一种自我接纳。当意识到自己的珍贵，就能明白你存在的每一刻都值得记录。

剑飞老师教给我们的不仅仅是记录，更是以记录为基础的分析、预测、规划和让时间增值、人生增值的法则。分析过去，看见自己生命运行的规律，预测时间，规划未来，促进积极正向的行动！

时间统计数据可客观地呈现不同事件的时间分布情况，我们可以通过这些数据分析自己在什么时间段做什么事情更高效，从而制定适合自己的时间作息表。比如我的阅读、写作在早起时间高频发生，持续时间长，因此需要像生命一样去保护早起成长时间。同时可看见自己当下持续投入的重要项目有哪些，分析是否和长期目标契合，清楚项目进行到了哪个进度，还需要投入多少时间精力，在面对外界各种诱惑时，能更好地把握自己的节奏，不被裹挟，笃定前行。

分析时间记录的背后，是看清自己的时间使用规律，看见自己的人生状态，也是一种接纳自己，看见自己的成长方式，让生活更有掌控性。

在"时间统计"App 中有时间预测和时间规划功能，可让我们根据历史数据看见自己每天、每周、每月、每年在某个维度上花费的时间，从而结合自己已经花费的时间数据，调优时间投入。比如快到月底时，发现实际阅读时间与月初的计划相差很远，接下来就需要增加阅读时间的投入。比如，结合当前手中的项目投入时间和下月的工作时间预测，可以更好地计划哪些项目可以插入，哪些项目需要放弃。当计划有了数据的依据，计划就不再是空话。

在《奇特的一生》中我们可以看到，柳比歇夫一生令人惊叹的成就是"他总是循着他能力的边界前进，他对自己能力的掂量越来越精确"。如果我们持续进行时间记录，提高对时间的觉知度，清楚自己的能力边界，那么许多困扰自然而解。清楚自己的能力边界，既不妄自菲薄，也不虚设妄念。脚踏实地过好每一天，在现实中创造梦想的未来。利用好时间的有限资源，创造生命无限的价值。

时间有限，创造无限。1天24小时的时间有限，但在这些时间里做的事情是无限的。

资源有限，利用无限。可居住的房子的面积有限，但公共空间对我们是无限的。

当下有限，未来无限。我们当下拥有的一些资源、环境、条件可能成为限制，但我们可以让自己在20年后不再受这些限制所限。

知识有限，信念无限。我们能学到的知识是有限的，但信念的力量是无限的。学再多也不一定能填充"自己不够好"的信念，但转念之间即是无限。

一份有限的时间，可以创造更多无限的价值和生命的可能。

要做到有限到无限的创造，有3个基本的时间原则：

（1）多做时间投资，避免时间消费。学会判断一件事的时间属性，"休闲娱乐活动"更多的是时间消费，"有效的学习成长"是典型的时间投资。我们要尽量多做时间投资，避免过度时间消费。也可以将时间消费创造为时间投资的整合。比如，一般为满足日常休闲娱乐需求，我们会选择自己看一部电影或刷短视频，属于纯时间消费。但如果能和孩子一起看一部有意义的电影，并在看完后进行讨论分享，则产生了陪伴家人的非消费性时间，又产生了学习投资时间，我称之为时间折叠。

（2）像保护生命一样保护"做会产生长期复利价值事件"的时间。短时间的成长微行动，在长周期里发生，会带来蝴蝶效应。

保护睡眠时间：之前我强制把自己的睡眠时间压缩到6小时以内，现在我能接纳自己享受7小时的自然醒状态。《时间记录》一书中提到"衡量自己白天做事是否高效，不是看每晚睡前有多疲劳，而是有多不疲劳"。不疲劳要做到两点——充足的睡眠和累了就休息。疲倦来袭那一刻，马上休息，观察自己的睡眠周期，尽量睡到自然醒。

保护阅读时间：阅读是对普通人来说性价比较高的一种投资，但真正有长期持续阅读习惯的人却不多。一年前，我曾标榜自己爱读书，但实际每年也就看十来本书。与其纠结阅读能力，不如关注每天真正的阅读时间投放。于是我制订了3年1000小时的阅读计划，每天阅读30分钟，做阅读时间定投。目前，该计划已过去400天，总阅读时长300多小时，达到100%出勤率，基本每天0.8小时，在阅读中找到正向生长的力量，这也是时间带给我的力量。

保护运动和陪伴家人的时间：运动是保护身体财产，陪伴家人是保护情感财产，这两样财产对我们每个人而言都是无价的。我们总是高估自己短期内能完成的事情，低估长周期能达到的成果。做产生长周期复利价值的事，就是在提升自己的时间价值，让时间增值。

（3）关注时间价值，做长期且重要的事。剑飞老师曾让我们在时间记录中设置1000万元的年收入，并以此衡量自己的时间价值。我理解他不是让我们当下就达到1000万元的年收入，而是让我们意识到自己的时间价值总有一天会达到这个值。充分相信自己的收入价值才能更加珍视自己的时间价值。当充分相信自己的时间价值千万元时，哪里还舍得浪费，许多小事自然如烟云而过。

聚焦长期价值的核心目标，人生是一场需要不断奔跑、跨越多个阶段的马拉松。原本觉得自己这几年不断进行各种探索，并没有完全聚焦到一件事上，但其实回头看，所有的事都是在往自己的那场马拉松终点的方向奔跑，只是不同阶段在跑道上喝了不同的饮料补充能量，但方向始终未变。2020 年的妈妈职业生涯咨询，2021 年的儿童阅读轻创业，到现在的妈妈三种时间和沐爱之光，都是在奔向"个人、家庭、事业"的妈妈生涯路全力奔跑。

从长周期大平衡视角看"真平衡"

1. 不求绝对平均，而求动态平衡

有一段时间分析自己三种时间的短期数据，我苦恼于自己很难做到理想中的平衡状态。我发现，常常忙工作而没有更多时间陪孩子；学习时间多了，没产出成果；陪了孩子，在自己的学习和工作上又觉得价值感缺失。无论向前向后向左向右，都觉得别扭。我甚至怀疑时间记录有用吗？后来我恍然大悟：妈妈是个人，不是超人！更不是杂技演员！我不应该用"绝对平均"的时间标准去度量"妈妈三种时间"的践行成果。

三种时间的平衡应该是动态的平衡，长周期视角的持续稳定的平衡。或许一天和一周的时间不均衡，但在一个月或更长周期的时间中，三种时间的节奏状态相对均衡就可以。我们需要接纳短期的不平衡，而关注和调整长周期的大平衡！

2. 明确平衡追求，接纳变化常态

为什么很难做到绝对的平衡呢？因为不同时期的诉求不同，对平衡的需求就不同。我们需要清楚阶段性的真实诉求，进行动态调整。比如，2020 年我刚成为全职妈妈时，女儿 2 岁，处于黏人黄金期，亲子陪伴是刚需，但我却因职场精英到全职妈妈的价值感缺失而焦虑。2022 年 6 月遇见剑飞老师时，我的职业生涯遇到瓶颈，需要成长突破，于是整个 7 月都沉浸在剑飞老师直播间。在学习过程中，学习时间自然长，那时我是愉悦的。当下，我已清楚"妈妈三种时间"的价值观，树立了让妈妈成为一种职业的愿景，明确投身亲子教育创业路径时，我的价值需求是最大的，三种时间中工作事业时长占比最大，我是笃定的。

在人生的不同阶段有不同的诉求，无须纠结短周期的绝对均衡，只要时刻保持觉知，明确需求，清晰目标，让行动配合时间节奏即可。平衡是追求，变化是常态，在变化中追求动态平衡才是我们要践行的"妈妈三种时间"平衡。学会在长周期大平衡的视角下，看见真正的平衡，是更好把控人生的艺术。

语写，人生提效的万能系数

提到"效率"，我曾经以为在单位时间内完成的事情越多效率就越高，于是总给自己"加码"，结果搞得自己筋疲力尽。有什么办法能用低成本，甚至几乎零成本的时间杠杆撬动我们的生活效率、学习效率、工作效率、人生效率呢？方法是：不做加法，做乘法！送大家一个人生提效的算法公式：$1 \times N =$ 无限。

加法：是在自己的时间精力承受范围之外、核心目标之外，增加各

种项目事件。比如我也曾因为各种焦虑、内卷、短期诱惑，而买课、投项目、进平台圈子。但我发现如果无法真正从生命底层给予滋养自己的东西，看起来再好也消受不了，甚至变成一场时间的消耗、情绪的消耗、生命的消耗。

乘法：基于核心目标，为想要解决的问题和实现的梦想，找到一种能量和技能的加持，看似增加了行动，却不会增加时间和心理负担，用 $1 \times N$ 去创造无限价值。

1 是稳定的"万能系数"，N 是必做的核心事件！用时间折叠思维，找到你的"万能系数"。于我而言，这个万能系数就是"语写"。语写可以折叠 N 件事，产生魔幻性的效果。

1. 语写，为情绪处理提效

我们知道，情绪是效率的最大杀手。养成语写习惯前，我的情绪常常处理不当，养成语写习惯后，情绪在语写"恋人"的安抚和陪伴下，被控制得越来越好，家庭争吵频率大幅下降。即便偶尔还有争吵，也能通过语写及时复盘，恢复状态，降低情绪发酵带来的更大损失。

2. 语写，为生活记录提效

记录陪伴孩子成长的过程是妈妈的刚需。原来买过各种精美的笔记本，思考过各种亲子日志计划，但没有一种方式被很好地坚持下来。养成了语写习惯后，我发现"记录亲子生活"可以像呼吸一样简单自然。

记得有一次给女儿讲睡前故事，告诉女儿我要出差去北京上剑飞老师的课。交流中女儿讲了一段甜甜的话：妈妈，无论你走到北京、广州、深圳、杭州，我的爱都永远跟着你，我的身体也想跟着你。

哈哈，她把我今年出差的几个城市列举了一遍，还藏着想跟我出差的小心思。这种简单的小幸福，通过语写几十秒钟就可以留下见证。用语写记录生活，不仅是一种时间提效，更是一种人生幸福的提效。

3. 语写，为学习成长提效

持续阅读曾经是我的痛点，现在我已不间断阅读 300 多天，从原来 1 年读 10 本书，到现在年读 100 本都不是梦。以前读书记不住、难消化，笔记输出难，当我将阅读和语写牵手成为好朋友，在阅读中看到某些触动心灵的点，立即合上书进行语写，让书籍触动的灵感，在心灵中随意飘飞，那种把书读进身体里的感觉让我享受到读书的乐趣。

每天晨间阅读后，用语写在头脑中和作者的思维进行碰撞，再内化为自己的思想。那种"动口、动耳、动心、动脑"多感联动的方式，让阅读和语写的过程更愉悦，理解更透彻，输出更高效。阅读输入搭配语写内化输出的方法迁移到其他学习同样有效，如知识培训等。

4. 语写，为工作事业提效

2023 年 6 月，我在社区做了一场有关创业项目的演讲，收到许多正向反馈，"咏梅，你分享得太好了，太能感染大家了，逻辑性太强了，状态太好了"。而这场演讲，从内容到 30 多页的 PPT 制作和练习，我用了不到一天的时间进行准备。对于曾经有演讲恐惧症的我，从前至少要多花三倍时间还不一定有好的效果。你以为的云淡风轻，是背后的千锤百炼。语写习惯让我把这份"千锤百炼"融入生活日常。演讲的内容早已在日常语写千万遍"过嘴、过脑、过心"，并在演讲头一天，在语写中模拟过一遍，上场自然丝滑。

除了演讲，日常许多棘手的工作问题，想不出来，就语写，语写后通常会有答案。我的创业构想、商业设计、团队问题、运营问题等几乎所有问题都在语写中进行梳理。其实刚开始语写时，我也困惑，每天语写几万字不是增加负担吗？但在实践过程中发现，语写是"乘法工具"的秘密。语写不是增负，而是一种减负，减情绪负担、心理负担、问题负担，提升学习效率、生活效率、工作效率、行动效率、人生效率。

在语写中创造，在时间中沉淀

语写的最大功能是创造，我用语写构建妈妈三种时间的正向生活画卷，让语写成为一种生活方式，记录"妈妈三种时间"的践行。

早起，语写内化阅读，助力自我成长；

白天，语写工作思考，助力价值实现；

晚上，语写亲子记录，助力亲子陪伴。

手握语写这把自由创造之剑，仗剑走天涯，创造我的三种时间正向生活的惬意人生，好不快哉。

时间记录的基本原理是"数据反映行为，行为改变数据"。每天是否围绕三种时间原则，时间记录的账算得明明白白、清清楚楚。生活并不总是能量满满、正向积极的，我偶尔也会陷入迷茫和低谷。但因为在时间记录中有觉知地生活，因为在语写陪伴下保持向内成长的生命力，也因为剑飞老师的引领，让我在"妈妈三种时间"的践行中坐拥"稳稳的幸福"。

就像背后有座靠山，稳稳托住我，而我只管往前。也时感觉有一双无形的眼睛坚定有力地看着我，它是一种力量，一种情感支撑。像一位时间老人，拿着一把时间之剑，坐在我身边，看我练就时间的平衡术。语写和时间记录对我而言，或许早就超出了三种时间记录的意义。

我清晰地记得语写里程碑跑到 1000 万字那天，我鼻酸泪涌。语写像链接身心的通道，眼泪是从眼睛流出的清泉，语写是从嘴里冒出的泉水，流至心间，触动情弦。脑海中居然出现弥留之际的画面，我正在看一部用生命书写的电影。我想，如果把自己在生命中流淌过的语写文字结合时间记录的数据，用 AI 生成为一帧帧电影画面，一生从什么时候开始，什么时候结束，在哪些重要时刻，做过什么事，说过怎样的话，流淌过怎样的思想，经历过怎样的情感，拥有过多少幸福，表达过怎样的遗憾……

当这一切都如此真切生动地呈现在眼前时，那一刻，闭眼离开世界的时候，我一定是微笑的。如果还有追悼会，这部电影，就是最好的悼词和碑文。不管人生曾有多少遗憾、苦痛挣扎、悔恨和泪水，那一刻的幸福只因我来过，死而无憾。

当一个独一无二的生命曾经穿越过浩瀚的宇宙空间，存在就是最大的意义。实践证明存在！

时间之火，点亮人生旅程

程小际

作者介绍

程小际，"85后"四五线城市宝妈，中华思维导图第一人孙易新博士亲传弟子，孙易新思维导图法儿青班讲师，为上千人分享思维导图法在工作和学习中的应用。语写和时间记录持续五年践行者。

我的高光时刻

将语写、时间记录与思维导图法相结合，组织 30 多次线下
分享活动，推广语写和时间记录。驻马店市 FM97.2《一起
读书吧》节目嘉宾。推荐好书《奇特的一生》，做关于时
间的分享。驻马店市樊登读书会特邀分享嘉宾。

做过的最大挑战

勇于挑战从未做过的事，放下面子众筹 7700 元，历时 3 天；
在沙漠徒步 77 公里；时间记录持续 1864 天；成功挑战语写
10 小时完成 20 万字。从 2018 年到 2024 年，坚持每周举办
一次能量团会议，共参加 291 期。放下四五线城市衣食无忧
的生活来到深圳，开启滚烫人生。

扫描二维码
与作者一对一交流

从 2016 年开始，时间有迹可循

时间记录可以让人更好地认识行为

从 2016 年开始，我接触到时间记录这一概念。当时在知乎上，名为"发愤的草莓"发布者的帖子深深地吸引了我，她详细讲解了如何通过记录时间来更好地认识自己的行为。受草莓老师的启发，我通过用纸和笔的方式记录了自己一周的时间使用情况，每天回顾自己的时间开销是否合理，是否有调整的空间。

我逐渐领悟到，记录时间可以更好地帮助自己认识行为习惯，只要自己愿意动脑思考，主动改变自己的行为，效率就会提高。同时，"时间记录"这四个字在我心里生根发芽，我初步意识到时间的重要性，意识到效率可以通过分析自己的时间记录数据并改变行为来提升。

我原以为每天真有那么多事要做，但通过时间记录发现，大量时间在浑然不知的情况下悄然流逝。当我精力充沛时，往往被他人的需求所牵引；而当我需要深度思考时，却又感到疲惫不堪。通过时间记录数据的反馈，真实的数字很扎心，很多时间在闲聊和看手机中被浪费。重新调整了工作方式和时间分配，摒弃无意义的闲聊，拒绝一些不该自己承担的任务，将重要事务安排在精力好的上午，必要的约谈安排在下午。这个改变使我的工作效率得到了显著提升。我逐渐意识到，在合适的时间做合适的事可以达到事半功倍的效果。

在做时间记录时，一定要真实记录时间花在了哪里，无论是工作还是闲聊、看视频。唯有真实而具体的数据，才能为我们提供深入的时间使用分析。通过对自己的工作流程进行分析，找出其中低效部分，重新进行合理分配和优化，把更多时间用来思考核心问题。实践表明，将 80% 的时间聚焦于解决 20% 的关键事务，能够显著提升工作效率。通过对时间记录的数据进行分析，我发现每个人都可以对时间进行调整，让人生变得大有不同。

以年为单位的时间记录是个人编年史

2019 年 1 月 1 日，我正式开始时间记录，这一实践在剑飞老师的指导下，我对时间的理解迈向了全新的层次。当我询问为何选择从 1 月 1 日开始记录时，剑飞老师解释道："这样做，你将在年末拥有一整年关于时间、地点、人物和事件等生活经历的宝贵数据。这些时间记录不仅能帮助你回顾一年来的成长与变化，更能作为定制下一年计划的重要参考，为你的未来发展提供有力的指引。"每年一份的时间记录报告，宛如我的个人编年史，记录着生活中的点滴。

剑飞老师带我们共读了德鲁克的经典之作《卓有成效的管理者》。书中强调，要想了解自己的时间是如何被花费的，就要养成记录时间的习惯。只有通过实际的数据记录，我们才能真正了解自己的时间使用情况，从而对自己有一个全面的了解。通过记录时间、分析时间，思考如何调整自己的时间分配，并做出相应的改进，可以提高工作效率并让我们的生活更有意义。

从散漫到高效的转变

在做一件事之前，通常需要预估这件事的大概用时。刚开始预估时可能不准，频繁地观察时间记录中的真实数据，我们会对做一件事的预估时间逐渐精准。比较以下三种情况下人们对时间的感知和行动的效率：一边做饭一边看电视剧，专心致志地做饭，以及限定自己在 30 分钟内完成烹饪，显然，效率有着显著的不同。明确的时间限制能够促使我们更加专注和高效地完成任务。时间记录可以让人从散漫到高效，而且通过经常查看记录的数据，还可以让我们在日常做事时，有意识地保持高效。

为了获取更多可支配的时间，我将上班时间从早上 8 点提前到 7 点 30 分。通过错峰出行，每天可节省 7 分钟，一年按工作 250 天计算，累积下来可以多出约 29 小时。这些时间可以用来陪伴家人、阅读或者做其他自己喜欢的事情，从而让生活更加充实和有意义。

人是环境的产物，我们在不同环境下的自律能力有所不同。例如，在家看书和在自习室学习的效果就有明显的差异。在自习室里，周围的人都在专心刷题或阅读，这种自律的环境能够促使我们更加专注。所以环境对自律的影响不可忽视。剑飞老师为我们创造的时间战队也是聚集了想要提升效率的小伙伴，大家一起督促着精进。

通过数据推进成果的达成

仅凭感觉或记忆来评估在一件事上的投入程度是不准确的，因为人们往往容易高估或低估自己在某项活动上的投入。当我们想要做成一件事时，记录时间能客观地看到自己在这件事上的投入情况。虽然时间不是唯一的决定因素，但投入更多的时间通常对取得成果具有关键性的作用。

以练习毛笔字为例，老师强调练习毛笔字的关键在于多花时间。投入的时间越多，成果就越显著。时间花在哪里，成果就在哪里。为了练好毛笔字，我采取了积极的行动，勤去上课，时常练习，立即行动。在家里和办公室里都摆上了笔墨纸砚，不管在哪里，只要有空就练习，并详细记录每次练习的时间、地点和所写字数，以便后期进行分析。

通过前期的时间记录，我逐渐形成了自己的练习节奏。从 10 月有空了就去练字，到 11 月每周至少上三节课，这些改变都基于我对自己练习情况的深入了解和评估。在那三个月里，我全身心地投入到了毛笔字的练习中。10 月我投入了 15 小时 51 分，11 月投入的时间是 31 小时 40 分，而 12 月则达到了 68 小时 27 分。

除了去工作室上了 40 次课（每次 2 小时，共计 80 小时），在家里使用边角料时间还自主练习了 42 小时。平均下来，我每个月的练习时间都超过了 40 小时。这样的练习强度让我对自己的进步感到很满意，并且能稳定地感觉到自己的进步。我对写毛笔字的这种热情和努力，让老师也倍感欣慰。专注 + 付出时间 + 思考 + 良师 = 飞速进步。

时间记录显示的是我们能做到的数据，这些数据为制定目标和行动方案提供了可靠依据。结合个人的生活节奏，要想达成目标，在一件事上投入必要的时间，并专注练习才能看到成果。通过对时间数据复盘，可以更清楚地了解自己在整个练习过程中在什么地方更能出结果，比如在工作室比在家里效果好，在家里比在办公室练得多。最终，能否做成事不取决于天赋或运气，而取决于我们愿意为之付出的时间和努力。若重视某件事并投入时间，那么实现目标的可能性就更大。

时间记录点亮一年的成就

在 2020 年疫情期间，大量的时间在家中度过。尽管年底时我曾觉得自己没有做出什么显著的成就，但到了写年终总结的时候，自己一年的时间记录为我提供了宝贵的素材。

通过查看记录的这些关键词，能够快速完成年度总结，并且有成就的事件比我记忆中的丰富很多。我发现，2020 年我完成了许多事情。这让我感受到了一年的成就感，以及时间记录的重要性。时间记录不仅让我更好地了解了自己的行动和成果，还成为我成长和进步的见证。如果没有时间记录，很容易忘记过去一年中所做的事情，只有真正需要时，才会意识到时间记录的价值。

持续记录，建立时间思维

时间记录，人人都可以轻松上手，但其真正的价值在于通过记录时间，让我们能够更好地管理自己的时间，提高工作效率，从而将时间投入到更有价值的事情上。时间管理给我带来了很多行动上的转变，比如，我会调整居住环境，选择离孩子学校更近的地方，尽量减少交通时间；在条件允许的情况下，连等电梯的时间也会纳入考虑，选择一梯一户的设计可以减少等待时间。

用好习惯创造积极人生

过去五年，我养成了记录时间的习惯，这使我能更好地管理自己的时间，并创造出更多的成就和价值。2018 年，我与两位朋友共同创建了一个能量社群。每周我们分享这一周中发生的让人感到有成就感的事情。为了提高效率，我们设定了 10 分钟的会议时长，每个人分享自己有成就感的事情。有时候一周过得较为平淡，我会努力找到小的有成就的事情分享给大家，彼此鼓励和影响，小伙伴的分享也会给我注入能量。

后来我意识到，与其在周末苦苦寻找有成就感的事情，不如在平日主动创造有成就感的事情。我开始尝试每周都做一些让自己骄傲的

事情，如持续语写、打造里程碑事件、创造高光时刻。我发现，只
要坚持不懈，我的一年、一生都能因此变得更加精彩。

"时间统计"App 是我记录时间的工具，它记录了我成长的足迹
和故事。在 5 年的时间里，我们共组织了 291 期能量团会议。这
些会议让我们更好地回顾和总结有成就感的事情，明确自身的目标
和价值。这个过程让我意识到好习惯对于主动创造积极人生的重要
性。通过时间记录、分享有成就感的事情、创造高光时刻，我让自
己的生活变得更加充实和有意义，也激发了正能量和成长动力。

时间记录中的挑战

在时间记录过程中，遇到不想记录的情况怎么办

向内问自己为何不愿记录时间。主要是因为我曾经对当下的自己感
到不满，觉得自己的生活节奏与周围的人不同，仿佛是在过一种老
年人退休的生活。那段时间，我热衷于练习写毛笔字，但每当看到
周围的人都在努力工作时，我就会产生这种不接纳自己的情绪。

直到有一天我豁然开朗，意识到我应该活在当下，全心全意地投入
到练字的每一分每一秒中，只专注于将字写好，心中不再有其他杂
念。我学会了接纳自己的行为，不再过于苛责自己。理性看待自己
的行为，接受自己的不完美，通过积极的方式来改善自己的时间管
理。

现在有时间做的事情并不代表将来也一定会有时间做。当我明白了
这一点后，再结合剑飞老师的理论，我决定先专注于练习写毛笔
字，至少达到 500 小时的积累。这样，我能够更加专注于自己的
目标，不被外界所干扰。

不愿意记录休闲娱乐时间

有时，我会不知不觉地刷两小时的短视频，事后会感到心虚和自责，思考自己为何又浪费了这么多时间。如果这两小时用于阅读，至少也能完成 20 页书的阅读。懊悔和自责让我陷入内耗，我问剑飞老师，休闲娱乐时看手机是不是不对？他说，"每个人都需要休闲娱乐的放松时间，每天有两小时的休闲娱乐时间很正常，看电影是一种值得推荐的娱乐方式。"

理解和接纳自己后，这种情绪就逐渐消失了。例如，在完成当天的工作或学习任务后，我会允许自己刷 20 ～ 30 分钟的短视频作为放松。我会设定一个具体的时间点，比如"20 分钟后是几点几分"，这样我就能在刷视频的过程中保持清醒的意识，时刻关注时间的流逝。当意识到剩下的时间不多时，我会思考是否还要继续，或者转而去做其他事情。这种做法不仅帮助我避免了无意识的时间浪费，也减轻了我因为虚度光阴而产生的自责和懊悔。

困的时候怎么办

当你感到困倦时，是选择喝杯咖啡来提神，还是直接去休息呢？实际上，如果条件允许的话，即使是短时间的休息，比如 5 到 10 分钟的小憩，也比硬撑 30 分钟但效率低下要好得多。因此，当你感到困倦或累了时，及时休息是一个更好的选择，这样你才能在之后保持更长的续航时间和更高的效率。

睡眠时间很多是浪费时间吗

柳比歇夫每天的睡眠时间在 10 小时左右，工作效率和产出依然很高。现在很多人，躺在床上不看一会儿手机根本睡不着。实际上，正常人每天睡眠 7 ~ 9 小时就足够了。如果条件允许，也可以睡到自然醒，或者采取 1.5 小时睡眠周期的倍数的方法来设置闹钟，这样能让我们的精力更加充沛。

学校不会教的时间管理方法

培养孩子对时间的感知力

我意识到了时间的重要，在陪伴孩子成长的过程中也会想办法让孩子感知时间的流逝并意识到时间的重要。教孩子合理安排时间是一项重要的教育任务，需要家长不仅自己重视时间还要有耐心指导孩子，从小给孩子塑造正确的时间观念，珍惜自己的时间，更尊重别人的时间。

很多孩子对时间感知较弱，这其实是能理解的，因为他们对虚无缥缈的时间概念没有深刻的理解。而我们大人平时都用手机看时间，导致家里已经很少可以看到钟表的影子。但为了培养孩子的时间观念，我建议家里还应摆放挂钟，让孩子经常看钟表，从而让孩子更好地感知时间的长短，明白时间稍纵即逝，学会珍惜每一分每一秒。

用清单法规划时间，让生活更从容

我特别喜欢用列清单的方式来规划每天的任务。一旦列好清单，我就能清晰地知道今天要做哪些事情，哪些是我想做的，哪些是必须做的。然后，我会根据事情的重要性筛选出真正需要做的任务，勾掉那些可做可不做的，这样能让我的注意力更加集中。

接下来，我会预估每项任务所需的时间，确保我能高效地完成它们。如果遇到有难度的任务，我会尝试将其拆分成更小、更具体的步骤，这样能让任务看起来更容易完成。每当完成一项任务时，我都会在清单上打个钩，那种小小的成就感真的很棒。渐渐地，列清单成了我日常生活中不可或缺的一部分。

对于妈妈们来说，这种方法更是如虎添翼。妈妈们既要处理家务琐事，又要照顾孩子，还要兼顾工作和学习，时间管理尤为重要。清单法不仅能帮助妈妈们更好地整理思路，避免遗漏重要事项，还能减少拖延，让忙碌的生活变得更有序、更有成就感。我强烈推荐妈妈们试试这种方法，相信它会成为你们的好帮手！

清单法——孩子时间管理的启蒙之路

从小培养孩子的时间管理能力至关重要，而清单法无疑是一个高效且实用的方法。孩子上幼儿园时，就可以用列清单的方法让他过有规划的生活。即使那时候他们不认识字，我们也可以用绘画的方式在清单上表达，比如带孩子旅行、购物，都可以让孩子从清单法开始锻炼自我管理能力。放心吧，孩子很喜欢画画的，和孩子一起规划他想做的事，在过程中他也不会出尔反尔，要求做超出计划外的事，这样培养的孩子带出去是不是也很轻松呢？

我的孩子在上小学一年级时，我便开始引导她使用清单法来规划和管理她的学习任务。回家后第一件事是打开记作业本，让她把要做的事情一一列出来，这样她就不容易在脑海里将众多事情混淆和遗忘了，并且让孩子预估每项作业需要完成的大概时间，刚开始预估的时间不准确没关系，重要的是有这个步骤，并为每项作业标上优先级。

我的孩子一开始总是对完成作业的时间很有信心，说这项作业只要15 分钟，那项作业 30 分钟就能写完。但实际情况往往并非如此，家长也不能完全放手和一味地指责孩子不够自律。当她没完成作业时，我会和她一起分析原因。我发现，只要我在旁边监督，她预估的时间通常是够用的。一旦没有我的监督，她可能会频繁地上厕所、玩文具，甚至有时候写着作业就睡着了。这让我意识到，孩子的时间管理能力还需要我们更多地引导和帮助。通过持续的练习和适当的监督，我们可以帮助她逐渐培养出良好的时间管理习惯，从而更好地应对学习和生活中的各种挑战。

除了学习成绩，我更重视孩子一生受用的能力的培养，如学习力、沟通力、时间管理、自信心和决策力等。清单法不仅有助于提升孩子的时间管理能力，还能在这些方面发挥积极的推动作用。

在生活中让孩子学做时间管理

现在的孩子周末比平时还要忙碌，如果孩子不能合理安排时间，星期天晚上写不完作业的情况时有发生。特别是孩子长大了，有自己的社交圈和想法，可能还想在周末和同学一起出去玩。作为家长，我们如何协助孩子合理规划时间，让孩子在学习、休闲上找到平衡呢？清单法可以帮助孩子建立有序的生活，只需要掌握以下几点。

首先，先让孩子把周末要做的事情列在清单上，接下来和孩子一起分清楚哪些是想做的，哪些是必须做的，哪些是可做可不做的。

已确定时间的事，其间不能再安排别的事务，避免冲突。比如，星期天上午 10 点到 11 点半要和同学去公园玩，那么这段时间内就不能再安排其他事情了。记得要算上往返的交通时间，这样孩子能更准确地预估所需时间。要让孩子明白时间是做一切事情的基础。

节假日孩子想做的事很多，必须做的事也不少，学习任务和兴趣班也很重要。时间是有限的，得先完成必须做的，再根据剩余时间选择孩子想做的。

其次，在帮助孩子制订计划的过程中，妈妈得特别有耐心。在制订计划时，不要用成人的标准评判孩子的选择是否合理，关键是让孩子参与进来，并跟孩子讲清楚当下哪些重要的任务是要先完成的，给予他一定的自主权来安排自己的时间。

最后，家长要时不时地提醒孩子任务的进度，以确保孩子有足够的时间来完成任务。这样可以增强他的责任感、自主性和决策能力，要让孩子成为一个有主见且对自己行为负责的人。当孩子的周末任务清单列出后，他自己会做出选择。有时，你会发现孩子在做选择时会考虑很多因素，比如天气不适合在公园玩，或者看新上映的电影是他们当下的首选。

有一个假期，我外出学习时带着女儿。我上课的时候，找好桌子板凳让她写作业。我下课了一看，她只写了几行字，我有点儿生气，她说：“放心吧，我回家之前能写完作业。”

一路上，我心里有些忐忑，但她却很淡定地看了会儿书，然后在我提醒她还有两个小时就到家时，她才开始写作业。我索性不理她，过了四五十分钟，她告诉我作业写完了。那一刻，我意识到，或许我应该换个角度看待这件事：我在上课时，周围别的孩子都在玩，孩子在安静地看她的课外书，在路上孩子知道该写作业了，也能放下手中的书，孩子正在成长，正在学习如何更好地管理自己的时间。

培养孩子不是一朝一夕的事，大人要耐心地跟孩子沟通，发现孩子的进步点并及时鼓励孩子，不经意间，你会发现孩子成长了。我家孩子从小时候的画图列清单，到做学习计划，慢慢自己列寒暑假计划，已经经历了七八年的时间。

从小培养孩子的时间管理能力有很多好处，孩子能够更好地规划学习任务和时间，减少拖延和浪费时间的情况。这不仅可以提高学习效率，让孩子有更多时间投入自己的兴趣爱好，有一个快乐的童年，也为初高中阶段的学习打好基础。当孩子能够更好地规划自己的行动和时间，并取得良好的成果时，他们会感到自豪。

柳比歇夫的人生哲学

《奇特的一生》是剑飞老师推荐给学员的必读书，我每年都会读一遍，至今已经读了五遍，每次都有新的收获。有一次，朋友推荐我上电视台做读书分享，我毫不犹豫地选择了这本书，希望这本书给更多书友带来启发。因为柳比歇夫的一生从容幸福，这也是我所追求的。他一生都在持续做时间记录，不断反思自己，以此完成科学家的责任和使命。他坚信，只有通过不断努力和奋斗，人才能真正实现自己的价值。

我们每个人都在与时间打交道，特别是我们这些坚持记录时间的人，更应该在记录的过程中思考，人生目标是什么？我们能给别人带去的价值是什么？要清楚自己的人生目标，且这个目标是长远的，不是短期能够完成的，是一辈子的目标，像柳比歇夫一样。他发明了时间统计法，也充分地利用了时间，虽然他毕生的目标——创造自然分类法的宏伟目标没有实现，但他一生都在为自己的目标奋斗。

最让我佩服的是，无论是经历战争还是丧子之痛，他都精确地记录了时间，更厉害的是，他持续地分析这些数据。每天、每周、每月、每年，并对自己的时间使用情况进行深入剖析。这看似简单的行为，实则需要强大的内在力量，我想，正是他对宏大目标的追求给了他坚定的信念和强大的力量。

面对自己的时间使用情况，我们有时不能无情地剖析自己，这就像是一面无情的镜子，照出我们的弱点、懒惰和空虚。很多人或许会选择逃避，但柳比歇夫却勇敢地直面自己，不断地自我剖析和改进。

柳比歇夫的时间统计法不仅是一种高效的工作方法，更是一种人生的哲学。我也深刻体会到了时间记录和分析的重要性。只有精确地管理时间，我们才能真正掌握自己的生命，实现自己的价值和梦想。

来到深圳

我从小生活无忧，却总感觉人生目标渺茫，直到认识了剑飞老师。五年间，我亲眼见证了他的奋斗与蜕变，他的执着与效率深深触动了我。从柳比歇夫的人生哲学中了解到，人一定要有远大的目标，才会持续精进。

2024 年 1 月，我毅然决然地来到了深圳。我的使命是助力他人实现价值，同时让自己的人生丰富多彩，这就是努力的意义，这才是闪闪发光有意义的人生。

只有保持对生活的热爱和对未知的好奇，我们才能在人生的道路上不断前行，创造属于自己的精彩人生。